D1670985

ZENTA MAURINA

VERFREMDUNG UND FREUNDSCHAFT

ZENTA MAURINA

VERFREMDUNG
UND
FREUNDSCHAFT

MAXIMILIAN DIETRICH VERLAG

MEMMINGEN/ALLGÄU

ISBN 3 87 164 123 5
© 1966 Maximilian Dietrich Verlag, Memmingen/Allgäu.
2. Auflage 1988
Alle Rechte vorbehalten. Printed in Germany.
Gesamtherstellung: MZ-Verlagsdruckerei GmbH, Memmingen

VERFREMDUNG

Verfremdung als Modewort und Wundzeichen unserer Zeit

„Die Menschen sind als Organe ihres Jahrhunderts
anzusehen, die sich meist unbewußt bewegen."
(Goethe)

Wir alle sind mehr oder weniger Zeitlinge, d. h. den
Auswirkungen der jeweiligen Gegenwart unterworfen.
Die seelischen Wandlungen wie auch die Veränderungen
in der Umwelt spiegeln sich in der Sprache. Das von
Goethe stammende Wort Weltliteratur ist für seine Zeit
nicht minder kennzeichnend als für die unsrige das Wort —
Weltraumspaziergang. Als Arzt sprach mein Vater häufig
von der Magensonde, heute liest man in den Zeitungen
von der Mond- und Venussonde. Einst interessierte man
sich für die Argonauten, heute für die Astronauten und
Hydronauten. Ein Konzentrat aus der Epoche des zweiten
Weltkrieges sind die menschenmordenden, leblosen Buch-
stabenzusammensetzungen wie Flak, SS, Gestapo, Tscheka.
Da die wirtschaftlichen und geistigen Umwälzungen
in Sowjetrußland besonders radikal waren, strotzt die
Sprache der Nachrevolutionszeit von sterilen Buchstaben-
zusammensetzungen, von Neubildungen und Wortverbin-
dungen, die ein Widerspruch an sich sind und gerade dadurch die gegenwärtige Situation veranschaulichen, wie
z. B. das Wort „freiwilliger Zwang". In Sowjetrußland
muß man nämlich von Dingen, zu denen man gezwungen

wird, behaupten, man tue sie freiwillig. Den unangenehmen Befehl, nach Sibirien umzusiedeln, muß man „aus eigenem Antrieb" erfüllen.

Die Zusammenraffung der Ausdrucksweise, die Kurzwörter, die große Zahl der Neologismen, sind für unsere neuzeitliche Kultur oder vielmehr Unkultur charakteristisch. An den zahlreichen Neubildungen im Bereich der Naturwissenschaft und Technik, die die nuklearen Waffen hervorgebracht haben, gehe ich vorüber und will bei einem Schlagwort und Wundzeichen der Gegenwart verweilen, das eine psychologische, ethische und literarische Kategorie darstellt, bei der *Verfremdung,* und diese dem zeitlosen Erlebnisbegriff, der in den Urschichten der Menschenseele wurzelt und dessen Leuchtspur man durch Jahrtausende verfolgen kann, der *Freundschaft,* gegenüberstellen.

Das durch Bert Brecht dem Allgemeingebrauch zugeführte Wort Verfremdung bedeutet nicht dasselbe wie Entfremdung. Entfremdung ist etwas Organisches, das sich durch Entfernung, Trennung, Schicksalsschläge vollzieht. Verfremdung entsteht durch ein dem Gewohnten entgegengesetztes Verhalten, die Verlegung eines Vorganges aus einer selbstverständlichen in eine verblüffende Situation. Vollzug von widernatürlichen, der Tradition hohnsprechenden Geschehnissen erweckt Verfremdung: das Erzählen obszöner Anekdoten in der Kirche oder das Deklamieren der Duineser Elegien auf dem Marktplatz.

Wir sind gewohnt, daß Menschen Trauer und Halbtrauer tragen; ein Anhänger des Verfremdungsprinzips betitelt sein Buch: „Kühe in Halbtrauer". Ein anderer läßt sein Streichquartett nicht in einem Salon oder Konzertsaal auftreten, sondern im Badezimmer. Wenn Bert Brecht behauptet, daß er sich seinen strengen Deutschlehrer am ehesten in Unterhosen vorstellen könne, weist er damit auf das Prinzip der Verfremdung hin.

Obwohl Bert Brecht mit seinem Sinn für den Herdentrieb und die Verpöbelung die Verfremdung in die breiten Massen getragen hat, ist nicht er es, der dieses Wort und diesen Begriff geprägt hat.

Schon vor hundert Jahren stoßen wir auf dieses heute zur Mode gewordene Wort, und zwar in Berthold Auerbachs Roman „Neues Leben" (1842). Die Kinder sprechen französisch und die Eltern fühlen sich dadurch „verfremdet", weil sie diese Sprache nicht verstehen. Auch heute bedient sich die junge Generation einer Ausdrucksweise, die den Eltern unzugänglich erscheint. Zwischen der alten und der jungen Generation gähnt eine Kluft, die Verfremdung wächst ins Ungeheuerliche. In der weit ausgebreiteten Nacht, in der der Kriegssturm den Glauben an absolute Werte zerstört hat, spricht die aller bergenden Tradition beraubte junge Generation einen Jargon, verteidigt eine Popkunst, von der sich ein Teil der älteren Generation voller Abscheu abwendet.

Der „verderbten Jugend" wird ein Dahinöden, eine Versumpfung vorgeworfen; die jungen Menschen haben angeblich wenig Achtung vor den Alten, die den Mördern Heil zuriefen und nun von ihren Kindern erwarten, sie sollen so handeln und entscheiden, wie es die Väter und Mütter nicht taten. Die Halbzornigen, die Halbstarken, die Gammler tragen Masken, ihre Unanständigkeiten sind meistens ein Ausdruck von Verzweiflung und innerer Leere. Es fehlt an Leitbildern. Diese Jugend ist nicht willens, auf der vom Wirtschaftswunder gepflasterten Straße den ihr gewiesenen Weg des Geldverdienens zu gehen. Wo Eltern und Erzieher ihre Zöglinge nicht kennen und erkennen, werden diese verkannt.

Im Duden 1960 findet man das Wort Verfremdung noch nicht; erst im Duden 1961 hat es Lexikonrecht erhalten. In Kluges Etymologischem Wörterbuch von 1963 fehlt dieser Ausdruck, obwohl Bert Brecht schon dreißig Jahre früher seine Abhandlung über den Verfremdungseffekt in der chinesischen Schauspielkunst schrieb. Als starker Mann und starker Künstler, seiner Eigenständigkeit bewußt, scheut er sich nicht, seine Lehrer und Wegweiser zu nennen. Was die Verfremdung als Kunstprinzip betrifft, so habe er dieses von den russischen Formalisten und von den Chinesen gelernt. Die Russen haben nämlich schon am Anfang des Jahrhunderts zwischen Entfremdung und Verfremdung unterschieden.

In Rußland gab es eine Theaterrichtung, deren Ziel es war, dem Leser beziehungsweise dem Zuschauer nicht Fernliegendes nahezubringen, sondern Naheliegendes zu verfremden. Ein Verfremder des Alltagslebens, allerdings nicht im Brechtschen Sinne, war Tschechow, ein Meister in der Darstellung des Nichtgeschehens, der retardierenden Handlung. Es ist nicht Zufall, daß Tschechows Theaterstücke gerade heute in der ganzen Welt gespielt werden.

Vorläufer der Verfremdung

Die Verfremdung kann man, wenn man will, auf Hegel zurückführen, der bereits erkannte, daß das Allzubekannte nie erkannt wird. In seiner verwickelten Sprache heißt es: „Das Bekannte überhaupt ist darum, weil es bekannt ist, nicht erkannt." In alttestamentlicher Sprache: Kein Prophet ist in seinem Vaterlande anerkannt, weil alle ihn zu kennen meinen. Der Wesenskern von Menschen, Dingen und Geschehnissen, die uns sehr nahestehen, bleibt unsichtbar. Goethe wurde sich des Reichtums seines Faust erst bewußt, als er die französische Übersetzung selbst las und vorlesen hörte.

Auf das Wort Verfremdung stoßen wir auch in Franz Kafkas Tagebüchern. Ohne darüber zu theoretisieren, verwendet der heimliche König der neuen deutschen Literatur in seiner illusionsbrechenden Wortkunst dieses Gestaltungsprinzip. Prags Straßen, Plätze und Häuser hat er in ein übersinnliches, unreales Licht getaucht, die Stadt zu einer Allegorie gemacht, zu der jeder einen anderen Schlüssel sucht, aber keiner einen findet, der alle Tore aufschließt. Gedachtes, Geträumtes, Tatsächliches ist nicht voneinander zu trennen.

Blumfeld, ein älterer Junggeselle, empfindet sein eintönig einsames Leben unerträglich. Verdichtete Langeweile lastet über seinen Tagnächten. Automatisch wiederholt sich jeden Tag dasselbe: Er steigt ins sechste Stockwerk empor, tritt in sein leeres Zimmer, greift nach dem Schlafrock, steckt sich die Pfeife an, liest in einer französischen Zeitschrift, nippt an einem von ihm selbst bereiteten Kirschenschnaps, nicht ohne vorher das Bettzeug vollständig umgeordnet zu haben. Jeden Tag genau dasselbe. Er hat sich schon oft überlegt, ob er sich nicht einen kleinen Hund anschaffen solle, und lebt in Gedanken mit diesem Tier. Es wäre eine Wohltat, beim Nachhausekommen durch sein Bellen empfangen zu werden. Aber durch das Halten eines Hundes würde er den bisher so sorgfältig gemiedenen Schmutz freiwillig in seinem Zimmer dulden. Manch einen Abend verbringt er, indem er sich bildlich alle Vor- und Nachteile eines Hundebesitzers vorstellt, ja, der Hund ist sozusagen schon in seinem Zimmer gegenwärtig; aber dann kommt die Zeit, wo einen das eigene Alter aus den tränenden Hundeaugen anschaut. Blumfeld beschließt, so gern er auch einen Hund hätte, lieber doch allein die Treppe hinaufzusteigen, statt von einem alten Hund belästigt zu werden, der, noch lauter seufzend als er selbst, sich neben ihm von Stufe zu Stufe hinaufschleppt. Er weiß, er wird alleinbleiben, aber der Mensch ist nicht so geschaffen, daß er sich zum Alleinsein eignet.

As er eines Abends seine Zimmertür aufschließt, meint er, das Geräusch von auf den Boden aufschlagenden Hundepfoten zu hören. Es ist aber nicht ein Hund, der ihn erwartet, es sind nur zwei kleine weiße, blaugestreifte Zelluloidbälle, die auf dem Parkett nebeneinander springen. Schlägt der eine auf den Boden, ist der andere in der Höhe, unermüdlich führen sie ihr Spiel aus. Diese nur in der Phantasie Blumfelds bestehenden Bälle, ein lebloser Ersatz für den gewünschten und abgelehnten Hund, vermögen die tote Stille seines toten Abends nicht auszufüllen. Die Bälle verfolgen ihn, er kann sie weder greifen noch irgendwo einsperren. Wir spüren die Qual des alternden Junggesellen, sein ängstliches Verlangen nach etwas Lebendigem, seine Faszination von den lustig springenden, in Wirklichkeit nicht seienden Bällen, wie auch seinen Widerwillen gegen die leblosen Dinge, die er am Morgen einem Buben schenken will; aber etwas Unwirkliches kann weder verschenkt noch entgegengenommen werden.

In diesem kleinen Meisterwerk werden innerlich erlebte Gedanken sichtbar. Nachdem man das Buch zugeschlagen hat, hört man noch das Aufschlagen der Bälle im Raum, im eigenen Kopf, und kann sich nur schwer von diesem verfremdenden, quälenden, nicht existierenden, entwürdigenden Geräusch befreien.

„Auch das Ungewöhnliche muß Grenzen haben." Daß Kafka diese Grenzen kannte, verleiht seiner Prosa Vornehmheit.

Auch Thornton Wilder hat das Prinzip der Verfremdung schon 1938, ohne darüber zu theoretisieren, in seine Theaterstücke eingebaut. In dem ausgezeichneten Schauspiel „Unsere kleine Stadt" geschieht nichts. Das Leben ist noch alltäglicher als unser Alltag: Eheleute trinken ihren

Morgenkaffee, Kinder werden zur Schule geschickt und ermahnt, brav zu sein. Epische Fragmente, vom Spielleiter erklärt, werden aneinandergereiht. Zum Schluß treten die Verstorbenen auf, die gar nicht gelebt haben; in unsichtbar machenden Gewändern schreiten sie neben den Lebenden, die durch ihr Nichtleben den Toten gleich sind. Die zu den Lebenden als Schatten zurückgekehrte Emily sehnt sich danach, in ihrem Wesenskern von ihrer Mutter erkannt zu werden; aber die Mutter rührt unbeteiligt in ihrem Kochtopf. Enttäuscht kehrt Emily ins Jenseits zurück. Sie fleht nicht einen Engel oder Gott, sondern den Spielleiter an: „Bring mich zurück — auf den Hügel — in mein Grab... o Erde, du bist zu schön, als daß irgend jemand dich begreifen könnte... Blind sind die Menschen, nichts als blind." Und ein anderer Entrückter, Simson Stimson, stellt mit beißender Heftigkeit fest: „Eingehüllt in eine Wolke der Unwissenheit, im ewigen Auf und Ab herumtrampelnd auf den Gefühlen derer, die um uns sind. Die Zeit dahinbringen und verschwenden, als ob man eine Million Jahre zu leben hätte. Immer auf Gedeih und Verderb irgend einer selbstsüchtigen Leidenschaft ausgeliefert sein. Nun wissen sie es — das ist das glückliche Dasein, in das sie zurückgehen wollten. Nichts als Unwissenheit und Blindheit."

Zu den Lehrmeistern und Wegweisern Bert Brechts gehören aber weder Kafka noch Thornton Wilder, sondern vor allem Bernard Shaw. Der berühmte Ire war ein Meister in der Verkleinerung und der Entheroisierung der Helden, die Carlyle auf ein unantastbares Piedestal gestellt und als makellose Halbgötter angebetet hatte. Shaw bevölkerte die Welt mit Helden im Westentaschenformat. Sein Grundprinzip, das Bertolt Brecht übernommen hat, könnte man folgendermaßen formulieren: Einem außergewöhnlichen Ereignis gegenüber ist die einzig richtige

Haltung eine lässige, eine nonchalante, um nicht zu sagen: eine schnoddrige.

Bert Brecht als Repräsentant der Verfremdung

Bert Brecht, der mächtigste Repräsentant der Verfremdung, der gleichermaßen diesseits und jenseits des Eisernen Vorhangs gespielt und gerühmt wird, ist nicht leicht zu charakterisieren. „Wer immer es ist, den Ihr sucht, ich bin es nicht", hat er selbst sehr treffend gesagt und sich als Inschrift für sein Grab die lapidare, sein Wesen kennzeichnende Inschrift gewählt: „B. B. Rein. Sachlich. Böse." Schon in chronologischer Hinsicht[1] gehört er unserer Zeit an. Er hat beide Weltkriege, den Frieden und den Unfrieden miterlebt. Der Lebensweg dieses Entwurzelten führt rund um den Erdball. Bereits 1928 war er, der Begründer der gewollten Primitivität, der Vater der Lederjacken, durch die „Drei-Groschen-Oper" in Berlin berühmt geworden. (In Schweden nennt man die Halbstarken „Lederjacken".) Heute besitzt nahezu jeder eine Lederjacke, die bei Nordwind gute Dienste leistet, in warm geheizten Räumen aber einen Geruch der Animalität verbreitet. Der Autor der Drei-Groschen-Oper trug unter seiner abgeschabten Jacke aus Nappaleder ein reinseidenes Hemd, was sich in den zwanziger Jahren nur die Reichen leisten konnten. Sein kahlgeschorener Kopf erweckte den Eindruck eines Sträflings: Ein Sträfling wurde nämlich eher zur Sensation als ein Dichter. Er spielte gern die Rolle des Verfolgten, obwohl er, schlau und intelligent, es immer verstanden hat, sich dem Kerker und der Verhaf-

---

[1] Geb. 10. 2. 1898 in Augsburg als Sohn einer katholischen Familie, gest. 14. 8. 1956 in Berlin.

tung zu entziehen, die Anerkennung seiner Stücke, wie im Osten so auch im Westen, durchzusetzen und sich überall ein gutes Einkommen zu sichern. Um den Proletarier zu spielen, trug er eine schäbige, kleine Drahtbrille, die er beim Lesen aus dem Futteral zog und nach dem Lesen behutsam, als sei sie eine unersetzliche Kostbarkeit, ins Futteral zurückschob. Sein schmallippiger, verkniffener Mund verleiht seinem Gesicht einen egozentrischen Ausdruck.

Ein ausgesprochen westlicher Dichter, hat er um seiner Ideen willen sein Leben und seine Freiheit nie aufs Spiel gesetzt, im Gegensatz zum östlichen Dichter, für den der Bücherschreibende ein Kämpfer für Gerechtigkeit und Freiheit ist.

Bert Brecht, verschlagener Oberlehrer mit erhobenem Zeigefinger, ist durch seinen Sinn für das Groteske, seine scharfe Beobachtungsgabe, seinen beißenden Witz eines der eigenartigsten Sprachtalente der Neuzeit: erhabene Banalität. Wie die Gegenwart alle Völker und Rassen durcheinandermengt, so mischt Bert Brecht alle Stile durcheinander. Die Ausdruckskraft seiner Sprache macht ihn zu einem Meister der Parodie und Bänkelgesänge. Seine Vorgänger sind Villon, Rimbaud, Wedekind und Tucholski.

Schon die Überschriften seiner Werke zeugen von der Prägnanz und Bildhaftigkeit seiner Sprache: Trommeln in der Nacht. Im Dickicht der Städte. Der Ja-Sager und der Nein-Sager. Die heilige Johanna der Schlachthöfe. Mutter Courage und ihre Kinder. Er gilt als das Sprachrohr des Kommunismus. Aber war er wirklich ein Kommunist? Als es 1933 in Berlin ungemütlich wurde, schloß er sich den Kommunisten an, war Mitarbeiter kommunistischer Zeitungen in Moskau. Da er sich aber dem von der Partei geforderten Kadavergehorsam nicht fügen wollte und die Vorschriften der Zensur in Moskau ihm nicht behagten,

floh er über Wladiwostok nach Hollywood. Freiheits-
beschränkung war diesem experimentierwütigen, unruhigen Geist ebenso unannehmbar wie das Spießertum der
Revolutionäre.

Kommunist war er nur so weit, als diese Weltanschauung
und Partei ihn persönlich nicht bedrohte. Er leugnete die
westliche Zivilisation, aber nur insofern sie ihm unbequem
war. Er zertrümmerte die alten Werte, er verhöhnte sie,
nachdem er von den Klassikern und all seinen Vorgängern
gelernt hatte, was er lernen konnte. Seine drei Haupt-
themen sind: Kommunismus, Homosexualismus, Pazifismus. In Hollywood nutzte er die amerikanischen Kapita-
listen aus, als aber sein Galilei-Film keinen Beifall fand,
kehrte er 1948 über Zürich nach Berlin zurück und figu-
rierte dort als Agitpropdichter. Von Hause aus Katholik,
vertauschte er ein Dogma gegen das andere, ohne den
inneren Gehalt in sich verarbeitet zu haben.

Wenn er von „unseren Klassikern" sprach, meinte er
Marx und Engels. In seiner Begeisterung für den Kommunismus hat er einige Partien des Kommunistischen
Manifestes in Hexameter gesetzt: „Ehrengast in den Elends-
quartieren und Furcht der Paläste, ewig zu bleiben gekommen, dein Name ist Kommunismus." Als aber während des Aufstandes in Berlin Arbeiter zu ihm kamen und
ihn baten, ihnen bei der Abfassung einer Protestschrift
behilflich zu sein, weigerte er sich, dies zu tun.

Theoretisch war er ein linientreuer Stalinist, aber Stalin
mochte ihn nicht, er las lieber Tschechow. Karl Marx war
zu klug, um schöpferische Kräfte in Dichtern durch Propa-
gandavorschriften zu töten: Er ergötzte sich an den Werken des eigenwilligen Individualisten Heinrich Heine.
Aber Ulbricht und Pieck benötigten einen Agitpropdichter.
Diese künstliche Silbenvereinigung, dieser konstruierte
Ausdruck, ein Widerspruch in sich, charakterisiert Bert

Brecht. Nicht anzuzweifeln sind seine Auflehnung gegen soziale Ungerechtigkeit und sein grimmiger Pazifismus. Seine in viele Sprachen übersetzten pazifistischen Songs werden unsere Zeit überleben. Den verstümmelten Soldaten, der den Gelähmten führt, den Toten, der den Lebenden stützt, vergißt man nicht. Als linientreuer Stalinist mußte er die Augen vor dem russischen Imperialismus schließen und wandte seinen Haß gegen den britischen Größenwahn, das blinde Morden unschuldiger Menschen.

> „Und da der Soldat nach Verwesung stinkt,
> drum hinkt der Pfaffe voran,
> der über ihn ein Weihrauchfaß schwingt,
> daß er nicht stinken kann."

Oder auch das schnell populär gewordene Lied der Mutter Courage:

> „Der Frühling kommt, wach auf du Christ,
> der Schnee taut weg, die Toten ruhn,
> und was noch nicht gestorben ist,
> das macht sich auf die Socken nun."

Mutter Courage ist die zeitlose Personifikation der Kriegsgewinnler; dieses Muttertier ist für den Dreißigjährigen Krieg ebenso wie für unsere Zeit charakteristisch: Sie haßt den Krieg, will dem Ungeheuer in keinem Fall ihre Kinder, die sie von drei verschiedenen Männern hat, opfern. Als aber der Krieg ihre Kinder, die die Marketenderin, eines nach dem anderen, vor ihren Wagen spannte, hingemordet hat, zieht sie selbst den Wagen, denn es gibt keine Macht, die die Sucht nach Bereicherung eindämmt. Unverwüstlich in ihrer merkantilen Tüchtigkeit, gutmütig, erwerbsüchtig, ersteht in jedem Krieg und in jeder

Nachkriegszeit eine Mutter Courage; wie die Pfeifen und Trommeln zum Dreißigjährigen Krieg, wie die Stalinorgeln zum zweiten Weltkrieg, so gehört sie zum Regiment. Ihr robuster Egoismus verlangt für ihr eigenes Kind seidene Kleider und Torte, es geht sie nichts an, daß die Nachbarskinder hungern und auf schmutzigem Stroh schlafen. Das Wiegenlied der Mutter Courage prägt sich unauslöschlich in unser Gedächtnis ein:

> „Eiapopeia,
> was raschelt im Stroh,
> Nachbars Bälg' greinen
> und meine sind froh."

Ein Stehaufmännchen, ist sie gescheit genug, um zu wissen, daß der Krieg Dreck ist, aber sie macht trotzdem mit und läßt sich den Krieg nicht madig machen:

> „Der Krieg ist nix als die Geschäfte,
> und statt mit Käse, ist's mit Blei."

Heute müßte man sagen: Und statt mit Käse, ist's mit Gift. Ihr eigentlicher Name ist Anna Fierling, aber ihren persönlichen Namen kennt kaum jemand; sie hat kein individuelles Gesicht, sie hat Courage, ihre Brut zu verteidigen, Courage, der rohen Macht grobschlächtig entgegenzutreten; zäh ist ihre Sucht, sich zu bereichern.

Bert Brecht kannte die Psychologie der Massen ausgezeichnet, aber ebensogut auch die würgende Beklemmung des Alleinseins. „Wenn Ihr ein Schiff vollstopft mit Menschenleibern, daß es birst, es wird eine solche Einsamkeit in ihm sein, daß sie alle gefrieren."

Ausgesprochen kommunistisch ist sein Sinn für die Masse, sein sozialer Nerv, sein Pragmatismus, sein Streben, durch seine Werke, die er Lehrstücke nennt, die Leute zu belehren und dem Kommunismus zuzuführen.

In seinem Aufsatz „Verfremdungseffekte in der chinesischen Schauspielkunst" (1937) sagt Bert Brecht deutlich, was er unter diesem neuen Theaterprinzip, an das er sich zum Glück in seinen besten Stücken nicht gehalten hat, versteht. Der Stückeschreiber, wie er sich selbst nennt, will Schauspiele als einen Gegensatz zur Dramatik des Aristoteles, die auf Einfühlung beruht; eine Katharsis wird nicht angestrebt, der Zuschauer soll sich nicht mit dem Schauspieler, d. h. mit dem Helden oder Unhelden des Stückes identifizieren. Der Stückeschreiber will unterhalten, belehren und vor allem verblüffen.

„Die allerallgemeinsten Vorgänge werden ihrer Langweiligkeit entkleidet, indem sie als ganz besondere hingestellt werden." Bert Brecht beruft sich auf die chinesische Schauspielkunst und auch auf die Volksjahrmärkte, wo die Maske des Clowns ein erstarrtes Antlitz zeigt und die Komik auf Unerwartetem und Widersprüchlichem beruht. Die stereotype Maske entseelt den Clown, verdeckt sein menschliches Antlitz, schafft gewissermaßen eine Wand zwischen seinem Ungemach, seinen Tölpeleien und dem über ihn lachenden Zuschauer.

Ein Chinese, der einen General spielt, trägt auf der Schulter eine Menge kleiner Fähnchen, deren Zahl die von ihm befehligten Regimenter, also seine Macht symbolisiert. Armut wird veranschaulicht, indem man seidene Gewänder mit Seidenstücken verschiedener Größen und Farben benäht. Durch Bewegungen ihrer Arme und ihres Körpers verdeutlicht die Chinesin das Rudern eines Kahnes. Obwohl das Boot auf der Bühne nicht vorhanden ist, sieht der Zuschauer das Fahrzeug, er sieht die Anstrengungen der rudernden Fischerin, ja, die Strömung, die bald schneller, bald langsamer fließt. Durch sein bloßes

Verhalten verwandelt sich der chinesische Schauspieler in eine Wolke, er veranschaulicht ihr unvermutetes Auftauchen, ihr Sichzusammenballen, und zwinkert dabei den Zuschauern zu, als wolle er sagen: Habe ich's nicht gut gemacht? Er schreit nicht, um Zorn darzustellen, er nimmt eine Haarsträhne zwischen die Lippen und zerbeißt sie. Auf diese Art zeigt er, daß der Mensch, von dem die Rede ist, außer sich ist. Es gibt bestimmte Riten für Zorn, wieder andere für Unmut, Haß, Liebe. Die menschlichen Leidenschaften werden schematisiert. Der chinesische Artist distanziert sich vom Helden wie vom Zuschauer, daher der Eindruck der Unterkühlung.

Obwohl Bertolt Brecht von der alten chinesischen Theaterkunst fasziniert war, weist er darauf hin, daß der Verfremdungseffekt, den er, um der in unserer Zeit beliebten Verkürzung willen, V-Effekt nennt und der das Gegenteil der realistischen oder psychologischen Schauspielkunst ist, durch Chöre, Songs, durch Zeigetafeln oder durch einen ins Schauspiel einbezogenen Film nur bis zu einem gewissen Grade auf das europäische Theater übertragbar sei. Ein von vielen Autoren angewandter, beliebter Trick der Verfremdung, der den Menschen in einen Homunculus verwandelt, besteht im Verlust der Identität: A führt B zur Richtstätte, aus unerklärlichen Gründen läuft plötzlich der Zug in entgegengesetzter Richtung, und nun wird A von B zur Richtstätte geführt. Henker und Opfer vertauschen im Nu ihre Rollen, und das Stück läuft weiter, als sei nichts geschehen. In unserer Umbruchszeit vollziehen sich allerdings ähnliche Situationen auch im wirklichen Leben: Der Verfolger wird — eh' man sich's versieht — zum Verfolgten.

Bertolt Brecht war ein großer Anhänger nicht nur der alten chinesischen Schauspielkunst, er fühlte sich auch von dem chinesischen Sozialethiker und Dialektiker Me Ti, der 400 Jahre v. Chr. lebte, angezogen. Me Tis Grundsatz lautete: „Wie kann etwas gut sein, wenn es sich nicht anwenden läßt?" Mit ihm stimmen Bert Brecht und Sartre überein: Wozu taugt die Kunst, wenn sie das Brot nicht billiger macht?

In der Bibliothek Brechts befand sich die erste deutsche Gesamtübersetzung der Werke Me Tis.

Die Literatur der Verfremdung ist ein Ausdruck des sich selbst entfremdeten Menschen. Das Geschilderte spielt sich lediglich im Kopfe des Schreibenden ab. Die Hinwendung zur Oberfläche, die Abwendung von psychologischen Schilderungen, Genauigkeit in der Beschreibung äußerer, willkürlich verzerrter Dinge sind das gemeinsame Kennzeichen jener Kunst- oder Machwerke, die die Etikette der Verfremdung tragen.

Das Prinzip, das Bertolt Brecht für das Theater propagiert, ist auch in der zeitgenössischen Malerei und Musik zu beobachten. Man malt Frauen, die ihre Brüste auf dem Rücken haben, Figuren mit Augen in den Fingerspitzen. Auf dem Flügel spielt man nicht mit den Fingern, man rutscht mit dem Ellenbogen über schwarze und weiße Tasten, man zupft an den Klaviersaiten und verfremdet dadurch das Klavier seiner eigenen Bestimmung. Man ist bestrebt, den Zuschauer oder Zuhörer zu schockieren, seine Assoziationen in Unordnung zu bringen. Ein Prozeß, der sich im Allgemeinbewußtsein der Massengesellschaft vollzogen hat, wird von den heutigen Künstlern projiziert und wiederholt.

Das Prinzip der Verfremdung veranschaulicht überzeugend der hervorragende, kürzlich verstorbene Bildhauer Alberto Giacometti. Seine zur Überlänge geschrumpften Bronzefiguren stehen aufrecht im Raum, dessen Leere der Betrachter schmerzhaft empfindet; auch seine Menschen in Gruppen wirken voneinander isoliert, auf ihnen ruht eine unsichtbare, schwer ertragbare Last. Es ist, als wisse Giacometti, daß es unmöglich ist, die Ganzheit eines Menschen zu erfassen. „Die Entfernung von einem Nasenflügel zum andern ist wie eine Sahara, keine Grenzen, nichts Fixierbares, alles entschlüpft", schrieb Giacometti in einem Brief an Matisse.

Allgemeine Kennzeichen der Verfremdung

Die Anhänger der Verfremdungstheorie zeigen bekannte Vorgänge in einem ungewöhnlichen Licht, das Traditionswidrige wird zum Gesetz erhoben, historische Figuren verhalten sich im Gegensatz zum Gewohnten. Heutiges wird Historie, historische Geschehnisse spielen sich in der Gegenwart ab. Allzu Vertrautes sieht man wie durch ein umgekehrtes Fernglas, altbekannte Symbole werden in ihrem Sinn verdreht.

Samuel Beckett spricht in seinem „Endspiel" nicht vom Vater, sondern vom „verfluchten Erzeuger" und seiner Frau, die konstruierte Namen, Nagg und Nell, tragen. In dem Raum, in dem der Sohn „zu enden zögert", obwohl er die lebenslänglich sich wiederholenden Albernheiten in dem nach Kadaver stinkenden Zimmer kaum noch erträgt, hat er Nagg und Nell in einen Mülleimer gesteckt, und wenn die beiden sich unruhig verhalten, wird der Deckel fester zugedrückt. Der steife Diener Clov verabreicht ihnen je und je einen Zwieback, den Nagg und Nell, sentimentale Jugenderinnerungen austauschend, teilen. Das ganze Haus, nein, das ganze Universum stinkt nach Kadaver.

Die Situation ist mit solcher Eindringlichkeit geschildert, daß ich, seit ich dieses Stück gesehen, an keinem Mülleimer vorübergehen kann, ohne zu befürchten, Nagg und Nell mit einem halben Zwieback im Munde zu erblicken.

Oder ein anderes Beispiel: Bei Bert Brecht tritt die Jungfrau von Orleans nicht aus einem heiligen Hain, ihr Leben endet nicht auf einem Scheiterhaufen, Brecht versetzt sie in die Schlachthöfe von Chicago, in die Viehbörse, zu den Fleischfabrikanten und Menschenmetzgern. Johanna ist bis zur Unappetitlichkeit entheroisiert. Zu den streikenden, hungernden Arbeitern, die von dem Fabrikanten mit dem bezeichnenden Namen Mauler ausgebeutet werden, spricht sie von Jesus wie eine sentimentale Predigerin der Heilsarmee. „Essen und hübsche Wohnungen und Kino, das sind ja nur grobe, sinnliche Genüsse, Gotteswort aber ist ein viel feinerer, innerlicherer und raffinierterer Genuß. Ihr könnt Euch vielleicht nichts Süßeres denken als Schlagsahne, aber Gottes Wort ist eben doch noch süßer, ei, wie süß ist Gottes Wort."

Ein weiteres Kennzeichen der Verfremdungsliteratur ist die Primitivisierung der Situation, Aufrauhung der Sprache. Der Desillusionismus wird zur Manier: Der angeschwärmte Mond fällt vom Himmel und erweist sich als billiger Lampion. Neben poetische Worte werden vulgäre gesetzt: „Was glotzt du mich so romantisch an?" Seit Bert Brecht gilt es als modern, mit ein und demselben Wort auf den Leser oder Zuschauer einzuhämmern: „Es ist nicht der Mühe wert, sich große Mühe zu geben." Oder: „Reiche den Reichtum den Reichen."

Daß Bert Brecht von sich selbst in der dritten Person spricht, ist nichts Neues. Der russische „Modernist" Igor Severjanin tat dies schon in den zwanziger Jahren. In Riga habe ich ihn von der Bühne aus pathetisch verkündigen hören: „Vor einem Jahrtausend sagte ich, ich werde kommen, und nun steht Igor Severjanin vor euch." Bei dem deutschen Repräsentanten der Verfremdung heißt es:

„Herr Bertolt Brecht behauptet, Mann ist Mann, und das ist etwas, was jeder behaupten kann."

Das auffallendste Kennzeichen der Verfremdung ist aber die Entindividualisierung. Bertolt Brecht hat geradezu eine Lust am Unmenschlichen, Widermenschlichen. Er hat den Menschen ummontiert, sein einmaliges Gesicht ausgelöscht: Das subjektive Ich muß zum Massen-Ich werden, der Mensch zur Ware. Der Persönlichkeitszauber wird als eine Sentimentalität der Burgeoisie abgetan. Die Verantwortung des Einzelnen ist gestrichen. Für den Einzelnen denkt die Partei, eine festgefügte Organisation ist für alle Geschehnisse verantwortlich. Schon in der Hauspostille (1927) heißt es: „Es kommt nicht auf euch an, und ihr könnt ruhig sterben." Das Ziel seiner Lehrstücke ist die Unkenntlichmachung des eigenen Antlitzes. In dem Badener Lehrstück sind drei Piloten abgestürzt. Das Wasser, um das sie bitten, wird ihnen erst verabreicht, nachdem die Verunglückten ihre Individualität ausgelöscht haben. Die Bewußtheit der eigenen Person ist strengstens verboten.

Goethe prägte das Wort: „So fühlt man Absicht, und man wird verstimmt." Beim Überschauen der Literaturgeschichte der Vergangenheit und Gegenwart kommt man zur Erkenntnis: Unsterbliche Werke enthalten immer einen ethischen Kern, belehrende Bücher veralten schnell. Je größer das Talent eines Dichters, desto größer seine Fähigkeit, im Bild, in der Metapher und nicht in der nackten Belehrung den Sinn seines Werkes auszudrücken.

Bert Brecht scheut sich nie, tendenziös zu sein. Er unterstreicht seine Absichten sogar noch mit einem roten Stift. Als 1965 das Theater aus Ostberlin mit Stücken von Bert Brecht in London gastierte, schrieb eine der englischen Zeitungen: „Brecht wendet sich an ein Publikum von Einfaltspinseln, dem alles doppelt und dreifach eingetrichtert werden muß."

Eine seiner Hauptbelehrungen lautet: „Mit Ochsen habe ich Mitleid. Der Mensch ist schlecht." Eine andere: „Es hilft nur Gewalt, wo Gewalt herrscht." Die aufdringliche Tendenz verwandelt einige seiner Lehrstücke in Machwerke. In der „Kommune" trinken die Arbeiter auf das Wohl der roten Fahne und der Zuschauer hat den Eindruck, als hätte der Autor nie mit Arbeitern gesprochen; die Dialoge erinnern an abstrakte Diskussionen Intellektueller über Regierungsprinzipien.

Die Literatur der Verfremdung ist nicht Kunst als Selbstfindung, sondern als Selbstentfremdung, sie fördert nicht das Gemeinschaftserlebnis, sie schleudert den Zuschauer und Leser auf eine Insel der Isolation. Durch die originelle Sprachformung ist sie eine Art Edelfäulnis, durch den Gehalt — die Enthumanisierung — eine Flucht vor der Wirklichkeit.

Verfremdung ist einerseits Ausdruck unserer Zeit, Ausdruck der Isolation, in die der Mensch sich selbst hineingesteuert hat, andererseits fördert sie die Seelenverkümmerung und Seeleneinschrumpfung, das Aussterben menschlicher Gefühle und Qualitäten; sie fördert die Untergrabung menschlicher Verbundenheit, kurz: die Verinsektierung.

Das Insektenhafte am Menschen

Der Krieg hat alle Mittel in Bewegung gesetzt, um die Menschen zu entwürdigen. In der Nachkriegszeit tut es die Literatur. Die Individualität wird in einem Maße ausgemerzt, daß der Mensch dem Insekt ähnlich wird. Insekten haben bekanntlich keinen eigenen Willen, kein eigenes Gesicht, sie werden wie elektronisch gelenkt; daher das starr

Maskenhafte ihres Aussehens, das uns beim Anschauen einer Heuschrecke ebenso auffällt wie beim fanatisch gläubigen Sowjetmenschen. Die Insekten sind ungeheuer präzis in der Ausführung ihrer Aufgaben, fanatisch in ihrer Hartnäckigkeit.

Die Spinne fertigt ihr Radnetz an, als kenne sie aufs genaueste die geometrischen Gesetze, als hätte sie sich seit Jahrtausenden im Zeichnen geometrischer Figuren ohne Zirkel und Lineal geübt. Die Insekten, wie auch die Glasflügler, sind unübertreffliche Spezialisten auf ihrem Gebiet. Der oberflächliche Beobachter kennt den Fleiß der Arbeitsbienen, weniger die starren Gesetze, das unumstößliche Spezialistentum des Bienenstaates, das bei den Ameisen noch krassere Formen annimmt.

Das Gemeinschaftsleben der Bienen hat etwas Unbarmherziges an sich. Die Bienenkönigin, die nur zu ihrer Hochzeit in die Sonne hinausfliegt, ihr übriges Leben im Dunkel des Bienenstockes fristet, darf in der Eierproduktion keine Pause eintreten lassen: Sie legt etwa 2000 Eier pro Tag und ist von einem Hofstaat ergebener Arbeitsbienen umringt, die sie füttern, fächelnd die Temperatur regeln, die Zellen putzen usw. Daß die Drohnen, nachdem sie ihre Spezialpflicht, die Befruchtung der Königin, erfüllt haben, als nutzlose Geschöpfe hingerichtet werden, ist allgemein bekannt. Weniger bekannt ist, daß auch die Königin, sobald sie nicht mehr vollkommene Nachkommen zu erzeugen fähig ist, von ihren eigenen Töchtern, den Arbeitsbienen, hingemordet wird, die sie, solange sie dem Bienenstaat den notwendigen Nachwuchs erzeugt, verwöhnen und verhätscheln. Das Attentat vollzieht sich auf Befehl einer geheimnisvollen Bienenversammlung; etwa zwölf Schergen werden zum Mord bestimmt. Sobald bei der Königin das Schwinden der Muttertierkräfte bemerkbar wird und sie die Drohneneier in die für Arbeiter gebauten

Zellen legt, wird ihr eines Tages der Weg verstellt. Seltsamerweise wird sie aber nicht durch das Todeswerkzeug ihrer Töchter, den giftigen Stachel, hingerichtet. Die zwölf Henkerbienen umringen sie, schließen sie mit ihren Leibern in eine feste Mauer ein und ersticken sie. Die Mörder der Königin sind von der Nützlichkeit ihrer Tat so blind besessen, daß selbst in den Knäuel geblasener Rauch sie nicht auseinanderjagt, im Gegenteil, sie pressen sich noch enger um die Königin und lassen nicht ab, ehe der letzte Lebensfunke aus ihr gewichen ist. Die Königin erwartet ihren Tod keineswegs mit Ergebung; sie kämpft und widersetzt sich bis zum letzten Atemzug. Würde man eine einzelne Biene aus dem Knäuel herausreißen und sie fragen können, warum sie sich am Mord beteiligt habe, würde sie, wie unzählige zweibeinige Mörder, antworten, sie fühle sich unschuldig, sie sei gezwungen gewesen, einen höheren Befehl zu erfüllen: blinder Gehorsam der Staatsobrigkeit gegenüber.

Kann man Insektenmenschen, die gleich den Bienen kein freies, selbständig urteilendes Gewissen besitzen, für ihre Morde verantwortlich machen?

Wir leben heute unter der Diktatur der Spezialisten. Das größte Unglück in der Epoche des zweiten Weltkrieges war vielleicht, daß die kriegführenden Mächte ausgezeichnete Spezialisten in großer Zahl besaßen, aber wenig heile Menschen.

Neulich hörte ich einen Biologen, einen hervorragenden Mann in seinem Fach, seine Frau fragen: „Habe ich heute eigentlich Mittag gegessen?" In seinen Erinnerungen schreibt Einstein: „Über meinen Forschungen habe ich die Loyalität der Menschlichkeit vergessen." Der erfolgreich Studierende hat heute keine Zeit für das Leben. Kürzlich las ich eine Annonce: „Handbuch für Chemie in 85 Bänden zu verkaufen." Wenn der junge Chemiker gezwungen ist, ein 85 Bände umfassendes Handbuch sich einzuverleiben, dann bleibt ihm tatsächlich keine Zeit für andere Lektüre, geschweige denn für ein privates Leben.

So hat sich der Mensch verinsektiert und ist zum Apparat geworden; man bewertet und bezahlt ihn nach seinen Leistungen. Wenn wir jeden durch den Verstand bedingten Fortschritt als notwendig anerkennen und in unser Leben einbeziehen, den Menschen aber nur als ein Werkzeug in den Händen eines anderen Menschen und nicht als ein Werkzeug eines Höheren auffassen, wenn er nur als ein Stück Natur gilt, dann kann man ihn gebrauchen, mißbrauchen und ausnutzen, je nach Belieben und Nützlichkeit; man kann mit ihm experimentieren, Vivisektionen an ihm vollziehen, wie es in den Sklavenlagern Hitlers und Stalins geschah, und ihn schließlich umlegen, abschlachten, wenn er sich nicht mehr als nützlich erweist; man kann ihn erledigen, wenn man seiner überdrüssig geworden ist.

Die Gegenwart trägt den Stempel der Demokratie und der Auseinandersetzung mit dem sich wandelnden Kommunismus. Das Positive an der Demokratie ist die Gleichberechtigung aller Menschen und Rassen, wenigstens im Prinzip; vor dem Gesetz haben alle Menschen die gleichen Rechte und Verpflichtungen; darin liegt einer der ethischen Fortschritte unserer Zeit. Das Niederdrückende an der Demokratie aber ist, daß sie wenig Sinn für das Seltene, für die Ausnahme hat. Wo sie diese nicht leugnen kann, lehnt sie sie ab oder macht den Andersgearteten lächerlich. Wo aber das Individuum, das Recht auf Einmaligkeit, im Menschen ausgelöscht wird, da ist kein Platz für Freundschaft, denn Freundschaft ist Auslese, Sinn für die Ausnahme.

Wir können uns zur Pflichterfüllung, ja, zum Wohlwollen allen Menschen gegenüber erziehen, aber Freunde können wir nur einige, nur wenige haben. Wer behauptet, hundert Freunde zu haben, besitzt keinen einzigen. Sigmund Freud ließ fünf gleiche Ringe schmieden, durch die er seine besten Freunde auszeichnete. Einen davon erhielt Lou Andreas-Salomé. Ob er Gelegenheit gehabt hat, alle fünf zu verschenken, ist nicht bekannt. Auch wäre es interessant zu erfahren, was geschah, wenn sich einer der Ringträger als unwürdig erwies.

Unter Lenin und Stalin galt Privatheit als Verbrechen. Zu Stalins Zeiten konnte man für eine private, von der Partei nicht gebilligte Zuneigung, nach Sibirien verschickt werden. Persönlich akzentuierte Freundschaft, Liebe, Leidenschaft galten als Schmach. Ein persönlicher Briefwechsel ist noch heute infolge der Zensur bei den Sowjets unmöglich. Die repräsentativen kommunistischen Verfasser, wie Maxim Gorki oder Bert Brecht, verheimlichten ihr persönliches Leben wie einen den Revolutionär entstellenden Schandfleck. Die Biographie der beiden Dichter besteht aus vielen genauen Daten und großen weißen Flächen. Die begabte deutsche Schauspielerin Carola Neher, Parteikommunistin, bedeutete für Bert Brecht zur Zeit seiner Arbeit an der Drei-Groschen-Oper viel. 1933 floh sie nach Moskau. Margarete Buber-Neumann ist ihr in einem Kerker Moskaus begegnet. In welchem Straflager, in welchem Sumpf sie spurlos versank, ist unbekannt geblieben. Bert Brecht erwähnt sie nicht, obwohl seine Theaterstücke ohne Carola Neher nie einen so großen Erfolg gehabt hätten. Helene Weigel, eine Schauspielerin noch größeren Formats, soll Bert Brecht zur Partei-Disziplin überredet haben. Er aber tat alles, um sie totzuschweigen, wie es auch Maxim Gorki mit den Frauen getan hat, die in seinem persönlichen Leben eine größere Rolle spielten als die Verfechter der Partei.

Alle Leistungen auf dem Gebiet der Technik beweisen

einen großen Fortschritt, denken wir nur an das Auto und die Caravelle, aber die Urschichten der menschlichen Seele, die sich nicht den Gesetzen von Raum und Zeit unterwerfen, sind die gleichen geblieben.

Der Mensch ist seinem Wesen nach weder eine Maschine noch ein Insekt. Die junge Sowjetgeneration, die unter starren Parteiregeln aufgewachsen ist und westliche Erlebnisformen bestenfalls dem Erzählen nach kennt, verlangt trotz Drohungen, trotz Einkerkerung, Irrenhaus und Verschickung nach einem individuellen und persönlichen Leben.

Kontaktlosigkeit als Krankheit unserer Zeit

In Schweden, dem Land der idealen Demokratie und sozialen Gerechtigkeit, war im Herbst 1964 das am lebhaftesten in der Öffentlichkeit diskutierte Problem — die Krankheit unserer Zeit, die sogenannte Kontaktlosigkeit. Man scheut sich dort, das die zwischenmenschlichen Beziehungen bezeichnende Wort Freundschaft, geschweige denn Liebe, zu gebrauchen. Kontakt bedeutet eigentlich Berührung zweier Stromleiter, Beziehung eines Gegenstandes zum andern. Heute sind Ausdrücke wie kontaktarm, kontaktlos, zu Modeworten geworden. Mit jemand in Kontakt stehen, heißt soviel wie in Fühlung, in Verbindung mit ihm treten. Stände der lebendige Mensch dem Mitmenschen lebendig gegenüber, würde man nicht von seiner Kontaktfähigkeit oder -unfähigkeit sprechen, sondern von seinem vorhandenen oder fehlenden Mitsinn. Daß das dem technischen Bereich entlehnte Fremdwort Kontakt, das sich ursprünglich auf leblose Dinge bezieht, in allen Sprachen auf das Fern- und Nahsein von Menschen angewandt wird, zeugt vom Persönlichkeitsverlust des zweibeinigen Säugetiers, aber auch von dem Abgrund, der das Ich vom Du trennt.

Im Oktober 1965 berichtete die Badische Zeitung von einer 74jährigen Frau, deren Nichtexistenz man erst Monate nach ihrem Sterben bemerkte, als der Geruch der Verwesung das ganze Treppenhaus verpestete. Dieser Tod vollzog sich nicht im menschenleeren Lappland, wo man Hunderte von Kilometern fahren kann, ohne einem Menschen zu begegnen, sondern in Zürich, in einer Dachkammer am Sihlquai. In den Großstädten ersticken die Menschen am Alleinsein; sie sind voneinander abgetrennt, aufeinandergestapelte, verschnürte Pakete im Postamt.

Was muß diese Frau empfunden haben, als sie nicht mehr die Kraft hatte, aufzustehen und sich selbst zu versorgen, sich ein Stück Brot und ein Glas Milch zu holen? Sie muß sehr zurückgezogen gelebt, kaum mit jemandem verkehrt haben, sonst wäre es undenkbar, daß ihr Tod solange unbemerkt geblieben wäre. Hat sie in ihren letzten Stunden gebetet, gerufen, oder stieg die bitterste aller Bitterkeiten, das Gift des Verlassenseins, des Nichterhörtwerdens, in ihren Mund? An wen dachte sie in den letzten Minuten, ehe die Bewußtlosigkeit sie erlöste? Zogen selige Jugenderinnerungen an ihr vorbei oder stellte sie fest, daß ihr Leben nur Arbeit, Mühsal und Ausgestoßensein gewesen ist?

Samuel Beckett, der pessimistische Spiegel unserer Jetztzeit, hat ähnliche Situationen in seinen Stücken festgehalten. Im Endspiel sitzt Hamm in einem von trübem Licht erfüllten Raum, ganz ohne Möbel, der die Leere in seinem Innern symbolisiert. Er ist lahm und blind und hat nicht die Möglichkeit, sich frei zu bewegen; er ist an einen mit Röllchen versehenen Sessel gebunden. Die einzig mögliche Zerstreuung, die diesem äußerlich und innerlich gefesselten

Mann vergönnt ist, bleibt das Aufziehen eines Weckers, der niemanden weckt. Den Tod des gliedersteifen Dieners würde der Herr nur an dem Gestank der Leiche bemerken. Hamm sagt: „Du stinkst jetzt schon. Das ganze Haus stinkt nach Kadaver." Darauf der Diener Clov: „Das ganze Universum stinkt."

Auch der Dramatiker Eugène Ionesco ersinnt immer neue Tricks, um die Isolation des Menschen zu veranschaulichen. Das Nichtsterbenwollen des Königs, seine hysterische Angst vor dem Tode, sein widerliches Nichtsterbenkönnen, das sich über zwei Stunden hinauszieht, ist der Inhalt des Unstückes, eines der vielen Beispiele aus der Homunkuli-Verfremdungsliteratur: „Es gibt nichts Ungewöhnliches mehr, weil alles Ungewöhnliche zum Gewöhnlichen geworden ist." Hinter Gittern des Ausgestoßenseins schreit der König um Hilfe. Alle verlassen ihn, selbst der Arzt, den anfangs sein Sterben vom wissenschaftlichen Standpunkt aus interessierte, hat keine Zeit, den allzu langsam eintretenden Tod des Königs abzuwarten. Schließlich verschwindet auch die Geliebte des Königs und seine einfältige Dienerin. Nur seine Ehefrau, das Sinnbild der Härte und Kälte, lehrt ihn, ins Nichts hinabzusteigen.

In der schwedischen Zeitung Aftonbladet (13. September 1964) heißt es, nichts sei in Schweden schwerer, als menschlichen Kontakt zu finden. Ich selbst bin hin und wieder in später Abendstunde angerufen worden, eine todtraurige Stimme drang an mein Ohr: „Ich bin Ihnen ein ganz fremder Mensch. Bitte, legen Sie den Hörer nicht weg. Ich muß eine menschliche Stimme hören, ein gutes Wort, sonst ersticke ich."

In derselben Zeitung klagte eine Schwedin, früher hätte man wenigstens mit der Milchfrau sprechen können oder mit dem Verkäufer in der Lebensmittelhandlung; bei der

Selbstbedienung in den Konsumgeschäften sei jetzt auch dies nicht mehr möglich. In den Hochhäusern kennen die Mieter einander nicht, sie grüßen einander nicht einmal. Wer in den zivilisierten Ein- oder Zweizimmerwohnungen allein lebt, hört tagelang nicht eine einzige Stimme.

Der isolierte Mensch fürchtet sich, und am meisten fürchtet er sich vor den Feiertagen, vor den Stunden, da das Arbeitsrad stillsteht und er allein mit seiner inneren Leere bleibt. Das Schlimmste sei der Nachmittag des 24. Dezember; an diesem Tage sind nämlich in Schweden alle Lokale, alle Cafés, alle Kinos geschlossen; Post wird an Feiertagen nicht ausgetragen, so daß man nicht einmal mit dem Briefträger ein Wort wechseln kann. Die schwedische Zeitung berichtet von einem pensionierten Herrn, — geben wir ihm den Namen, den jeder dritte Schwede trägt: Karlson — der zu Weihnachten einen eigenartigen, ja genial zu nennenden Einfall hatte, um den Isolationsring am Weihnachtsabend zu sprengen. Heiligabend pflegt der Schwede im Kreise der engsten Familie zu verbringen. Herr Karlson aber hatte keine Familie, er hatte nicht einmal einen Freund, der seiner Einladung, ihn am 24. Dezember zu besuchen, Folge leisten könnte. Also mietete er aus der Transportzentrale einen der Botengänger, die in Schweden jederzeit telefonisch zu erreichen sind und jeden Auftrag, sei es die Beförderung eines Briefes oder die Umräumung einer Wohnung, erledigen. Dieses Mal bestand die Aufgabe des Botengängers darin, Herrn Karlson aus dem würgenden Ring des Alleinseins zu befreien.

Herr Karlson bestellte den Botengänger zum 24. Dezember um 17 Uhr. Gemeinsam mit ihm aß er das traditionelle schwedische Weihnachtsmahl, Reis und Fisch, er trank mit ihm einen Grog, und als der bezahlte Gast schläfrig wurde, bettete er ihn auf einen Diwan. Am 25. Dezember brachte Herr Karlson seinem bezahlten

Gast nach altschwedischer Sitte den Kaffee ans Bett. Darauf bezahlte er dem Botengänger alle als Gast abgearbeiteten Stunden auf Heller und Pfennig, und der Botengänger, der auch ein vorbildlicher Schwede war, nahm das Geld für die im Hause des Gastgebers verbrachten Stunden dankend entgegen und beide stellten befriedigt fest, diese Weihnacht sei wirklich sehr nett gewesen.

Das inwendige Alleinsein quält nicht nur Herrn Karlson, den Durchschnittsschweden, die Traurigkeit des Abgetrenntseins geht durch alle Schichten der Bevölkerung; in dem Tagebuch Dag Hammarskjölds steigert sie sich zur Tragik.

Dem Sekretär der Vereinten Nationen, einem reichen, gesunden, hochgebildeten Mann, stand die ganze Welt offen, aber in seinem posthum erschienenen Tagebuch ist eines der Leitmotive, das im Laufe der Jahre immer lauter erklingt, das würgende Gefühl der Einsamkeit. Dieser kluge, ausbalancierte Staatsmann, der den Traum der Welteinheit träumte, verzehrt sich im Verlangen nach menschlicher Nähe, bar aller Äußerlichkeiten. „Warum bedeutet es so viel, daß wenigstens jemand das Innere deines Lebens sieht?" Es dürstet ihn nach einem Freunde, ähnlich dem alten Herrn Karlson sehnt er sich, wenigstens für eine Stunde einen Menschen „zu besitzen". „Hunger ist meine Heimat im Land der Leidenschaften." Er hungert nach Sympathie, nach Wärme, und weiß, daß Freundschaft von der Angst der Einsamkeit befreit. Eine der tragischsten Eintragungen, die den Sekretär der Vereinten Nationen mit jedem Durchschnittsmenschen verbindet, lautet wörtlich:

„Am nötigsten hast du, es zu erleben — oder zu glauben, du erlebtest es —, daß du gebraucht wirst."

Das Tagebuch ist von der Ambivalenz der Gefühle geprägt: inbrünstiges Verlangen nach einem Freunde und die Unfähigkeit, sich einem Menschen gegenüber ganz zu öffnen. Kaum ein anderes Gefühl beruht in einem so großen Maß auf Gegenseitigkeit wie Vertrauen. Dag Hammarskjöld bekennt: „Wir greifen nach dem andern — umsonst — weil wir nie wagten, uns selbst zu geben." In nüchterner Strenge ermahnt er sich selbst: „Binde dich an keinen und lasse niemanden an dich heran", eine aus Einsamkeit, Enttäuschung, seelischer Scheu und hohen Ansprüchen gewachsene Mahnung. Das Tagebuch mündet in die Erkenntnis: „Einsam und müde." Die Einsamkeit wird für ihn zur Kommunion.

Wie bei Dag Hammarskjöld, so verflechten sich auch bei den anderen großen Einsamen — hier sei nur an Nietzsche und Rilke erinnert — die Motive der tragischen Einsamkeit mit dem verzehrenden Verlangen nach Freundschaft.

Je weniger jemand in einer Überwelt, in Gott oder dem Kosmos wurzelt, je anthropozentrischer seine Einstellung ist, desto grausamer leidet er unter dem Alleinsein. So war es in uralten Zeiten, so ist es heute.

In den wenig bekannten altkurdischen Gesängen stoßen wir auf die Tragik des Abgetrenntseins, die aus dem unbefriedigten Verlangen nach einem Partner gleichen oder entgegengesetzten Geschlechts zu verstehen ist:

> „Allein bist du immer
> bar aller Habe, allen Seins,
> allein bist du immer
> und seist du auch
> inmitten der Menschen."

In diesem „Allein" betitelten Gesang aus dem 7. Jahrhundert n. Chr. wiederholt sich das Motiv des Alleinseins siebenmal. In der letzten Variation — dem Alleinsein im Totenhaus — geistert starre Hoffnungslosigkeit. In einem andern dieser gewaltigen alten Lieder schreit der Dichter vor Schmerz:

> „So fluche ich, ohne Namen,
> Mensch in der Not des Glaubens —
> und keiner ist,
> meinen Fluch zu erhören."

Nicht nur eine Bitte und ein Gebet, auch ein Fluch muß erhört werden, um den Bittenden oder Fluchenden zu befreien.

Um diese Altkurdischen Gesänge zu verstehen, muß man wissen, daß ihre Religion, das Yesiditum, die über 2000 Jahre v. Chr. zurückreicht, dem einzelnen Menschen in seiner Verzweiflung wenig Trost gewährt. Der Yesidi steht selbstverantwortlich, allein vor dem Göttlichen, er hat keinen Priester als Vermittler. Aus dem Gedanken des uralten Heiligen Vaters entstand das Licht, als er die Leere, die nicht Licht noch Finsternis war, um sich beleben wollte. Als aber Licht aufstrahlte, stieg die tiefste Dunkelheit in das Leben — Licht und Schatten waren geschaffen, nicht einmal der uralte Heilige Vater wußte vordem um sie, daher ist der Mensch so allein; er ist weder gut noch böse. Hier auf Erden ist er gleichermaßen Licht und Schatten. In ihm hausen auch die bösen Geister, die sich durch ihn dem uralten Vater nähern. Ich kenne keine Gesänge der alten Völker, in denen der Mensch so haltlos in die Welt hinausgestoßen ist: „Der Traurigkeit Größe läßt sie freudig leiden."

> „Des Esels Brunstgeschrei
> tönt wohlgefällig für die Eselin.
> Dem Stöhnen sterbender Krieger
> antwortet nur Hohngelächter
> bei den Siegern."

Viele dieser uralten Gesänge, die erst seit wenigen Jahren dem deutschen Leser zugänglich gemacht worden sind, klingen wie Lieder aus unserer Zeit, in der der Mensch den Weg zum kleinen Du, dem Mitmenschen, und dem großen Du, zu Gott, verloren hat.

Wohl noch nie gab es so viele einsame, frierende Menschen wie in der Gegenwart.

Heute verbindet das Gefühl der Isolation, die Degeneration des Mitsinns — insofern etwas Negatives überhaupt verbinden kann —, die ganze Welt und hebt im Schrei des Alleinseins selbst die Rassenunterschiede auf. Laut und hart gellt der Schrei — um nur ein Beispiel anzuführen — im Munde des schwarzen, primitiv ursprünglichen James Baldwin wie im bitteren Seufzer des überzivilisierten Italieners Cesare Pavese. Im Roman Baldwins „Eine andere Welt" („Another country" 1960) heißt es von Vivaldo, einer der Hauptgestalten, die übrigens eine weiße Hautfarbe hat: „Nun stand er wieder da, allein unter all diesen Leuten, die alle für sich allein waren wie er." Aus diesem Gefühl des Alleinseins bricht die grausige Lust hervor, Entsetzen zu verbreiten in der Welt, die Umwelt zu erschrecken. „Seine eigene Einsamkeit, millionenhaft verherrlicht und gepriesen, ließ nun die Nachtluft kälter und kälter werden. Er entsann sich, zu welchen Exzessen, in welche Fallen, welche Paniken seine Einsamkeiten ihn getrieben hatten: und er fragte sich, wohin wohl eine so ungeheure Leere am Ende eine ganze Stadt noch treiben mochte." Und seinen Freund Rufus — von schwarzer Hautfarbe —, dessen Innenleben ihm so unbekannt bleibt wie die topographische Karte des Mondes, stürzt das Gefühl des Alleinseins in die finsteren Fluten des Freitodes.

Wir könnten fragen, wohin eine so ungeheure Leere am Ende die ganze Welt noch treiben wird. Sturzflutartig hat das Gefühl der Verlassenheit die ganze Welt überschwemmt. In dem bereits erwähnten Roman des Negers James Baldwin leidet Vivaldo, halb irischer, halb italienischer Abkunft, unter dem Fluch des Alleinseins, das nur ein halbes Sein ist, nicht minder als der berühmte Jazzmusiker, der schwarze Rufus Scott. Diese Amerikaner finden, unabhängig von ihrer Hautfarbe, leichter und schneller den Weg in den Tod als ins Leben, d. h. zu dem ihnen entsprechenden Du.

Wie James Baldwin für das heutige Amerika repräsentativ ist, so ist es für das Nachkriegseuropa Cesare Pavese (1908–1950). Diesem Italiener, dessen Porträt ich in „Liebe und Tod" skizziert habe, geht es darum, das nackte Wort des Lebenstextes zu finden, jedes Sich-in-Szene-Setzen ist ihm zuwider. Einer der wortbegabtesten Dichter der Neuzeit, zeichnet er seine Gestalten nach dem eigenen komplizierten, überempfindsamen Seelenleben. Der Todesdrang war in ihm stärker als der Lebensinstinkt. Seine „einsamen Frauen" im gleichnamigen Roman (1949) kennen die fleischlichen und gesellschaftlichen Genüsse in allen Stufen und Variationen, der Mitsinn fehlt ihnen aber und untragbar bleibt das Gefühl des Alleinseins, das die schöne Rosetta in den Selbstmord treibt: In einem eigens für diesen Zweck gemieteten Raum geht sie freiwillig, eigentlich „ohne Grund", aus dem Leben, wie es auch ihr Schöpfer nach seiner Auszeichnung mit dem Premio Strega in einem Turiner Hotel tat. Es ist, als hätte er sich durch seine Heldin Rosetta im Sebstmord geübt: Auch er konnte den Weg zum Du nicht finden, auch für ihn war das unausweichliche Abgetrenntsein eine zu schwere Last.

In den zwischenmenschlichen Beziehungen, die schon immer mein Hauptthema gewesen sind, hat sich in der Nachkriegszeit ein Strukturwechsel vollzogen. In der westlich-demokratischen, sogenannten freien Welt — weg vom Menschen; in der russischen Sowjetliteratur — eine

Bewegung hin zum Menschen, obwohl sich diese Bewegung nur scheu und mehr unterirdisch als auf der Erde vollzieht.

Heute schließt man sich wochenlang in eine Höhle ein, um die Ertragbarkeit absoluter Isolation zu ergründen, man setzt sein Leben aufs Spiel für eine Bergbesteigung, für einen planetarischen Flug, aber man opfert sich nicht für einen einzelnen Menschen. Es klingt wie eine Legende aus alten Zeiten, wenn man liest, Montaigne habe seinen pockenkranken Freund Boethius, obwohl er sich der Gefahr der Ansteckung bewußt war, bis zum letzten Atemzuge gepflegt (er wurde aber nicht angesteckt, die geistige Hochspannung bewahrte ihn wohl davor).

Heute werden die Kranken meistens ins Spital eingeliefert und fremden Menschen überlassen. Das Leben hat sein Gesicht, der Tod sein Antlitz verloren. Der Tod ist nicht mehr ein erschütterndes Erlebnis, das alle Familienmitglieder und Freunde vereint, es ist nicht mehr ein bewußtes Hinübergehen in eine andere Welt. Der Blick des Sterbenden greift nicht nach der Hand des Freundes oder dem Kruzifix, seine Augen suchen die Morphiumspritze, durch die ihn die medizinische Schwester in einen bewußtlosen Zustand versenkt. Das entpersönlichte Leben mündet in einen entpersönlichten, entgeistigten Tod. Es sind nicht liebende Hände, die dem Entrückten die letzten Dienste erweisen, ihn waschen und für die letzte Reise ankleiden. Bezahlte Kräfte tun es, und die Angehörigen erkennen den Entrückten im Eiskeller an der ihm um den Hals gehängten Nummer.

Trotz der Geminikapsel, trotz der Erdumrundung, trotz des Wirtschaftswunders, trotz des Spaziergangs im Weltraum ist unsere Zeit eine klaffende Wunde, wie das Anwachsen der Straftaten, der Sexualmorde, der Selbstmorde und psychischen Krankheiten dies beweist. Jedesmal, wenn ich nach Deutschland komme, setzt mich die Tüchtigkeit der Deutschen, mit der sie Städte, Musikhallen, Krankenhäuser und Fabriken aufgebaut haben, in freudiges Erstaunen. Unsagbar erschütterte es mich, als ich im September 1965 in einer führenden deutschen Zeitung las, daß sich in der Bundesrepublik jede Stunde ein Selbstmordversuch vollziehe. Ich habe keine Möglichkeit, diese Statistik zu überprüfen, nicht anzuzweifeln aber ist, daß aus dem Gefühl innerer Erfülltheit und Harmonie niemand einen seelischen Zusammenbruch erleidet und niemand aus Freude sich das Leben nimmt.

In allen Ländern wächst die Wohlhabenheit an, aber auch das Unglücklichsein. Immer kleiner werden die geographischen und planetarischen Entfernungen, immer größer die Entfernung von Mensch zu Mensch.

Für eine Erdumrundung benötigt ein Astronaut etwas mehr als eine Stunde, eine Menschenumrundung dauert das ganze Leben, und das Wesentlichste erkennen wir erst, wenn er dieser Erde entrückt ist.

Es ist, als ertrage der Mensch den schwerelosen Zustand im Weltenraum leichter als die Bürde der Verantwortung auf der Erde.

Die Verbrechen der Jugendlichen, die in allen Ländern zunehmen, sind ein Beweis, daß sie zum Leben, zum eigenen Selbst, zur Opfertat, noch nicht erwacht sind. Aus Langeweile ersinnen sie Schandtaten aller Art, und ihre Kaltschnäuzigkeit ist nur ein Schild ihres leicht verwundbaren Herzens. Im Grunde genommen befriedigt sie nicht das zerschwatzte, insektenhafte Dasein. Heute wie zu Hiobs Zeiten sehnt sich der Mensch nach einem Menschen, dem er mehr bedeutet als alle übrigen, und der ihn mehr braucht als die anderen.

Was hülfe es dem Menschen, wenn er Himmel und Erde gewönne und das entsprechende Du nicht fände?

FREUNDSCHAFT

Die jahrtausendalte Leuchtspur der Freundschaft

Seit wir die Menschheitsgeschichte kennen, lebt im Menschen die uneigennützige Neigung zu einem oder einigen Einzelnen, und die höchste Entfaltung dieser Neigung nennen wir Freundschaft.

Die Geschichte der Freundschaft ist ebenso alt wie die Kulturgeschichte. 2000 Jahre v. Chr. wurde das babylonische Epos „Gilgamesch", dieses Hohelied auf die Freundschaft, niedergeschrieben, das uns noch heute, also nach 4000 Jahren, durch seine Schönheit ergreift. Dieses grandiose, in Keilschrift niedergeschriebene Epos umschließt zwei Grundmotive: Die Vergänglichkeit aller Dinge und die Unersetzbarkeit des Freundes.

Die Geschichte der Griechen und Römer ist eine Geschichte der Freunde und Freundschaften. Sokrates, in absoluten Werten verwurzelt, können wir uns ohne seine jungen, seine Lehre anregenden und seine Weisheit weitertragenden Freunde nicht vorstellen. Der nüchterne Rationalist Aristoteles wußte, daß die Reichen und Mächtigen ganz besonders der Freundschaft bedürfen, denn wozu nütze ihnen sonst Reichtum und Macht? Scharfsinnig hat er beobachtet, daß die Reichen meistens arm an Freundschaft sind. Man kommt nicht zu ihnen um ihrer selbst willen. Der mit irdischen Gütern Gesegnete glaubt nicht an die Reinheit der Zuneigung, sondern meint, man verwechsle seinen persönlichen Wert mit der Macht des Geldes. Bei Aristoteles heißt es: „Denn ohne Freundschaft möchte niemand leben, auch wenn er alle übrigen Güter besäße." Der griechische Philosoph fragt: „Wie ließe sich ein Glückszustand ohne Freunde bewahren und erhalten?"

Wie der Babylonier Gilgamesch, so wußten es auch die alten Römer, daß der Freund etwas Unersetzliches ist. In der Einmaligkeit der Freundschaft liegt ihre Schönheit, aber auch ihre Tragik, denn „von der Tage Anbeginn gibt es keine Dauer". Jede Leistung, jedes Ding ist ersetzbar, Freundschaft aber ein unwiederholbares Kunstwerk.

In der Bibel ist der Freund Labsal gegen Schmerz und Verzweiflung. Ein guter Freund ist ein Trost des Lebens, der höchste Lohn, den der Himmel einem Frommen schenkt. In den Sprüchen Salomos heißt es: „Ein treuer Freund liebt mehr und steht fester bei denn ein Bruder." Mit anderen Worten: Geistesverwandtschaft bedeutet mehr als Blutsverwandtschaft. Sirach weiß, daß ein treuer Freund ein starker Schutz ist und Güte und Treue Missetat versöhnet. „Bleibe treu deinem Freund in seiner Armut."

In den Sprüchen Salomos freut sich das Herz an Salbe und Räucherwerk, „aber ein Freund ist lieblich um Rats willen der Seele." Salomo ermahnt, nicht nur den Freund, sondern auch den Freund des Vaters nie zu verlassen.

Feinsinnig unterscheidet Sirach zwischen wahren und falschen Freunden. Er weiß, daß man wohlwollend zu allen sein kann, aber unter Tausenden nur einen Freund findet: „Halts mit jedermann freundlich, aber zum Ratgeber nimm unter Tausenden nur einen." — „Vertraue keinem Freunde, du habest ihn denn erkannt in der Not."

Er wußte die Tischfreunde von den wahren Freunden zu unterscheiden: „Tue dich von deinen Feinden und hüte dich gleichwohl vor Freunden." Diese Weisheit Sirachs erinnert an ein altes russisches Sprichwort: „Ein dienstbeflissener Tor ist schlimmer als ein Feind."

Ferner heißt es bei Sirach: Der Freund ist ein starker Schutz, wer ihn hat, hat einen großen Schatz; ein treuer Freund ist weder mit Geld noch Gut zu bezahlen, ein treuer Freund ist ein Trost des Lebens und der höchste Lohn, den Gott einem Frommen schenken kann. Sirach war ein guter Psychologe, wie hätte er sonst den Satz geprägt, der in mehr als zweitausend Jahren nicht veraltet ist: „Wie einer ist, also wird sein Freund auch sein."

Auch das Neue Testament ist ein Buch zum Ruhme der Freundschaft. Die Jünger waren Freunde untereinander. Und Lukas, der Menschenkenner und weise Arzt, läßt Jesus sagen: „Wer zu einem Fest nur die Reichen einlädt, treibt Handel, denn er hofft, daß er wieder eingeladen und seine Freundlichkeit ihm vergolten werde." Er lobt dagegen den Gastgeber, der Gäste einlädt, die nicht die Möglichkeit haben, sich zu revanchieren, die nichts besitzen, womit sie die Gastfreundschaft vergelten könnten. Die schönste Stelle im Neuen Testament steht im Johannes-Evangelium. Jesus ermahnt seine Jünger, Freunde untereinander zu sein; er weiß: „Niemand hat größere Liebe denn die, daß er sein Leben hingibt für seine Freunde" (15, 13). Zu betonen ist, daß er nicht sagt, wer sein Leben hingibt für seine leiblichen Verwandten, sondern „für seine Freunde". Auch Jesus stellt die Geistesverwandtschaft höher als die leibliche. Wer den Willen seines Vaters im Himmel tut, also eines Geistes mit ihm ist, steht seinem Herzen näher als Vater, Mutter oder Bruder. Er nennt seine Jünger Freunde, und nicht jeden zufällig Vorübergehenden schloß er in sein Herz, er erwählte seine Apostel, er zeichnet sie vor allen anderen aus und einen von ihnen liebte er mehr als die übrigen.

Die alten Griechen schenkten uns das Wort Eros, die Liebe zum absolut Schönen; das Neue Testament den Begriff der Agape, Liebe als Mitleid. Seltsamerweise ist ein die zwischenmenschlichen Beziehungen bezeichnendes Wort aus den Briefen Pauli — epieikes — nicht in den Allgemeingebrauch übergegangen. Luther hat es mit Lindigkeit übersetzt. Auch bei Plato stoßen wir auf dieses Wort. Bei dem griechischen Philosophen hat es einen rationalistischen Akzent, bei Paulus einen emotionalen. Im Briefe Pauli an die Philipper (4, 5) heißt es: „Eure Lindigkeit laßt kund sein allen Menschen." Die Lindigkeit erweckt Freude, Vertrauen, Zuversicht. Auch im Zweiten Brief an die Korinther (10, 1) ermahnt er die Brüder zur Sanftmütigkeit und Lindigkeit; denn die Waffen, mit denen die Christen zu kämpfen haben, seien nicht fleischlich, sondern mächtig vor Gott zerstören sie Befestigungen.

Otto Karrer hat „epieikes" mit Milde und auch mit Güte übersetzt, und die französische Bibelübersetzung bedient sich des sehr kennzeichnenden Wortes: douceur. Den Gehalt des Wortes „lind" erfassen wir wohl am tiefsten, wenn wir es vom Staub des Alltags reinigen und uns an das altindische Wort „linati" (sich anschmiegen) erinnern. Im Verlangen nach Freundschaft sehnen wir uns nach einem Menschen, an den wir uns anschmiegen können. Wo jungen Menschen diese Möglichkeit nicht gegeben ist, werden sie aus innerer Leere zu Gammlern, Mods und Halbstarken.

In unserer rauhen Zeit wird das Wort Lindigkeit wenig gebraucht, aber es ist ein reiches und schönes Wort. Die Linde mit ihrem sanften Blattwerk ist ein den Menschen freundschaftlich gesinnter Baum, der uns süßen Duft schenkt, Honig und Schatten spendet. Und das Blatt der Linde, von sanfter Glätte, kühlt die heiße, schmerzhafte Stirn. Diese Lindigkeit ist der Kern der Freundschaft.

Das schwer zu übersetzende, vielseitige Wort „epieikes" bedeutet jedenfalls soviel wie milde Gesinnung, Humanitas, Geneigtheit, Zuneigung, den Gegensatz zum starren Recht. Das Adjektiv epieikes hat allerdings eine andere Nuance – schicklich, tüchtig, wacker, vernünftig denkend –, aber schließlich schmücken auch diese Eigenschaften den Freund.

Das Wort des Paulus, „epieikes", ist in seinen Briefen geblieben; aber bezeichnet es nicht gerade das, was wir heute brauchen? Die Lindigkeit ist in den menschlichen Beziehungen verlorengegangen, die Aura des Persönlichen erloschen; sie wird als Schmach oder als perverse Neigung gedeutet.

Man könnte einwenden, die Briefe Pauli seien vor fast 2000 Jahren geschrieben und also veraltet. Wir leben in einer wissenschaftlichen, technischen, nüchternen Zeit und benötigen andere Dinge als Lindigkeit. Aber einer der stärksten, ursprünglichsten Dichter unserer Zeit, der alles andere als sentimental und altmodisch ist, Jewtuschenko, kehrt mehrfach zu dem Gedanken zurück, der Mensch benötige nichts so sehr wie Zärtlichkeit. Dem russischen Wort „neznost" entspricht vielleicht Lindigkeit mehr als Zärtlichkeit. Seine Autobiographie konnte in Sowjetrußland nicht gedruckt werden, weil Jewtuschenko für den Dichter das Recht auf ein individuelles, persönliches Leben fordert und einen Menschen ohne Ideal und Traum ein Tier nennt. Seine schlimmste Sünde war, daß er in seinem Werk von seinem eigenen Ich zu sprechen wagte.

Nun, dieser im Sowjetregime aufgewachsene Dichter, arm und verwahrlost in seiner Kindheit, der von seinem dreizehnten Lebensjahr an sein tägliches Brot selbst verdienen mußte, schreibt in seiner Autobiographie: „Alle

Werte in der Welt sind mehr oder weniger fragwürdig, es gibt nur einen unantastbaren Wert, und das ist die Zärtlichkeit." Er erzählt, wie ihn, einen verkommenen Halbstarken – in der Sowjetunion heißen sie stiljagi – die Zärtlichkeit einer schlichten Bäuerin ins normale Leben zurückgeführt habe.

Eines seiner ersten bewußten Erlebnisse hängt mit dem Gefühl des Mitleids zusammen. Er war noch ein kleiner Junge, als einmal im Winter die Erwachsenen von einer Jagd zurückkehrten. Sie aßen, tranken und grölten die ganze Nacht. Verschlafen ging er in den kalten Flur, um sich einen Schluck Wasser zu holen, und stieß im Halbdunkel auf die Leiber der erschossenen sibirischen Gemsen. Ihre im Frost erstarrten Füße streckten sich wie Verzweiflungsschreie ins Leere. Die großen, toten Augen sahen ihn mit einem menschlichen Blick an. „Ich sank in die Knie, preßte meinen Kopf an die toten Leiber und heulte herzzerreißend. Ich hauchte meinen warmen Atem auf die erstarrte Schnauze, da bemerkte ich auf dem zarten Hals ein Blutgerinnsel und verstand, daß sie erschossen waren."

Eines der Kernworte seiner Autobiographie ist: zart, zärtlich. Auch in seinen Gedichten preist er die Zärtlichkeit als Lebensnotwendigkeit. Ja, er behauptet, der Mangel an zarter Zuneigung, an Lindigkeit, könne auch den stärksten Mann in den Selbstmord treiben.

Die größte Gefahr nennt er die Kluft zwischen dem äußeren und inneren Leben, ein Dasein, in dem das Äußere dem Inneren nicht entspricht. Die Sowjetkritik wirft ihm Sentimentalität, Güte, Pazifismus und eine an Dummheit grenzende Naivität vor. Man hätte ihn wohl ganz kaltgestellt oder in eine Irrenanstalt eingesperrt, wenn nicht die Antistalinisten der Hetze ein Ende gemacht hätten. Wenn er in der Sporthalle auftritt und seine Gedichte vorliest, jubeln ihm Tausende von Zuhörern zu. Für Jewtuschenko ist der Dichter zuallererst eine Individualität. In den Augen der Partei ist das eine strafbare Ketzerei; trotzdem schreibt Jewtuschenko in seiner Autobiographie: „Jeder Dichter hat das Recht auf sein Ich. Wer nicht den Mut hat zu sagen, ich liebe dies oder jenes, kann nicht ein Dichter sein. Wer sein persönliches Ich streicht, tötet sich als Dichter."

Es gibt kaum eine zärtlichere Musik als die Impromptus Schuberts. Bei Hölderlin heißt es: „Leicht verletzbar sind die Zärtlichen."

Rilke, der es wußte, daß nur Engel seinen Einsamkeitsschrei hören, daß wir *in der gedeuteten Welt* nicht sehr verläßlich zu Hause sind, und der von den Liebenden sagte, sie „verdecken sich nur miteinander ihr Los", ist wohl einer der letzten deutschen Dichter, der die Zärtlichkeit rühmt. Er hat den Zärtlichen, die er die Seligen, die Heilen nennt, ein Orpheus-Sonett gewidmet.

In der zeitgenössischen westeuropäischen Literatur klebt man an der Zeitkrankheit der Kontaktlosigkeit und schämt sich eines Verbrechens weniger als eines Verlangens nach Lindigkeit.

Der Sinn für Freundschaft

Einen Sinn für Freundschaft und die Voraussetzung dazu besitzt der innerlich freie, souveräne, differenzierte Mensch. Die Franzosen hatten von jeher einen ausgeprägten Sinn für Rarität, Individualität und Eigenweltlichkeit. Eine Amerikanerin zeigt sich nur in der Öffentlichkeit, wenn sie einen Hut wie alle anderen hat; die Französin dagegen ist stolz auf einen Hut, der keinem andern gleicht. Mit dem Sinn für Tradition und Revolution, mit dem Mut zum eigenen Selbst und der Fähigkeit zu offenherzigen Bekenntnissen (Rousseau und André Gide berichten in ihren Tagebüchern auch das vom bürgerlichen Standpunkt aus Anstößige, ohne ein peinliches Gefühl zu erwecken) hängt die Begabung des Franzosen für Freundschaft zusammen. Angefangen von Vauvenargues und Montaigne bis zu André Gide, George Duhamel, Martin du Gard und dem in Deutschland so beliebten Saint-Exupéry singen und leben die Franzosen Hymnen der Freundschaft.

Es gibt heute in Deutschland kaum ein Haus, in dem man den „Kleinen Prinzen" nicht antrifft, und die drei Kernwörter seines Schöpfers sind: l'Homme, apprivoiser, solitude. Das Wort Mensch (l'Homme) schreibt er mit einem großen Buchstaben, er sehnt sich in seiner kosmischen Einsamkeit nach einem Freund. Der kleine Prinz ruft vom hohen Berge: „Seid meine Freunde, ich bin allein." „Allein, allein", antwortet das Echo. Da kommt der Fuchs zu ihm, den der kleine Prinz zähmt und ihn dadurch zu seinem Freunde macht. Das Wort apprivoiser — zähmen — bedeutet bei Saint-Exupéry ungefähr dasselbe wie bei Jewtuschenko Zärtlichkeit, und ist dem Wesen nach der Lindigkeit verwandt. Wer in uns die wilden, niedrigen Triebe zähmt, unsere Lindigkeit und unseren Zartsinn weckt, wird unser Freund. Mit Gewalt kann man zwingen, zähmen kann nur jemand, der so viel Geduld und Zeit hat wie der Kleine Prinz. Der Sinn für den Mitmenschen ist es, der die Tagebücher und Briefe der Franzosen und ganz besonders die André Gides so anziehend macht.

Als man den 80jährigen Dichter fragte, was ihn auf der Altersschwelle seines Lebens am meisten bekümmert hätte, sagte er, er könne nicht darüber hinwegkommen, daß er die letzten Worte Paul Valérys nicht verstanden habe; er saß am Sterbebett seines Freundes, er wußte, daß dieser ihm etwas anvertrauen wollte, er beugte sich über den Sterbenden, aber sein Ohr war zu plump, um die undeutlich gehauchten Worte zu entziffern. Dieses sein Unvermögen könne er sich nicht verzeihen. Den schönsten Landschaften der Welt konnte er sein Herz nicht schenken, wenn er die Menschen, die diesen Landstrich bewohnten, nicht liebte. Wer die Psychologie der Freundschaft, ihr Keimen, Aufblühen und Welken genau kennenlernen will, muß die Tagebücher und Briefe André Gides studieren. Wie sehr er auch an seinen Freunden hing, so wußte er doch, daß die höchste Weisheit darin besteht, daß man sich, wenn es die Umstände verlangen, freiwillig zurückzieht.

Er war kein Pianist, übte aber in seinen Reifejahren fast täglich stundenlang Chopin, besonders die sehr schwierigen Etüden, nicht nur um der Musik willen, er benötigte die Zärtlichkeit Chopinscher Melodien und Harmonien.

Ein kleines Beispiel französischer Freundschaft sei hier als Intermezzo erwähnt.

Ein junger Bankbeamter schreibt Gedichte, aber er hat keinen Verleger, er hat auch kein Geld, um seine Gedichte selbst herauszugeben, aber er hat einen Freund. Dieser schenkt ihm eine größere Geldsumme zur Drucklegung. Die Gedichte erscheinen unter der Überschrift «Accompagnées de la flûte» (1924). Der junge Bankbeamte hieß Jean Giono, sein Freund, der sich mit Malerei beschäftigte, Lucien Jacques. Heute ist Jean Giono ein weltberühmter Dichter. Ohne den Freundesdienst des Malers wäre er vielleicht aus dem kleinen Bankgeschäft nie herausgekommen. Der Gedichtband war sein Sprungbrett in die Öffentlichkeit, die Vitamininjektion, die sein Selbstbewußtsein stärkte, das in ihm schwelende Feuer zur Flamme entfachte. Der Briefwechsel zwischen diesen beiden Franzosen ist einer der schönsten, die ich kenne.

In Deutschland wurde die Freundschaft zum Kult erhoben in der Blütezeit der Romantik, da Geschlechts- und Altersunterschiede als eine Äußerlichkeit des menschlichen Daseins, den Gesetzen der Vernunft unterworfen, angesehen wurden und Schönheit die durchsichtig vergängliche Form der Seele und des unsterblichen Geistes war.

Das letzte Aufflammen der deutschen Romantik vollzog sich in dem oft mißverstandenen und mißbrauchten Dichterphilosophen, der zwei seine Eigenart umschließende Worte mit dem Dynamit seines Geistes und der Tragik seines Lebens geladen hat: Sternenfreundschaft und Bergeinsamkeit.

„Draußen vor den Fenstern liegt der gedankenreiche Herbst im klaren, mildwärmenden Sonnenlicht, der nordische Herbst, den ich so liebe wie meine allerbesten Freunde, weil er so reif und so wunschlos unbewußt ist. Die Frucht fällt vom Baume ohne Windstoß. Und so ist es mit der Liebe der Freunde: Ohne Mahnung, ohne Rütteln, in aller Stille fällt sie nieder und beglückt. Sie begehrt nichts für sich und gibt alles von sich."

Nietzsche war 25 Jahre alt, als er an Erwin Rohde diese Worte schrieb. Mit der Klarheit des Genies hat er sein nie erreichtes Ideal, nach dem er sich sein Leben lang verzehrte, in ein Zeiten überdauerndes Bild gefaßt.

Wenn ich an Freundschaften deutscher Schriftstellerinnen unserer Zeit denke, sehe ich vor allem die vom Ostseewind umwehte und schwerblütige Gestalt der Agnes Miegel, die für die sechs Jahre jüngere, anpassungsfähigere Ina Seidel wegweisend war. Die Verfasserin des „Unverweslichen Erbes" erfuhr durch Agnes Miegel von der Beheimatung des Dichters in zwei Welten, der der Wirklichkeit und der des Traumes. Zum 60. Geburtstag der Balladendichterin schreibt Ina Seidel:

„Die Schauer der Bewunderung, die ich als Werdende

von Deiner Meisterschaft in Wort und Gestaltung emp-
fand, die erfuhr ich durch Deine Kunst, und wir wissen,
daß kein Erlebnis zugleich tiefer entmutigen und stärker
anspornen kann. Das jedoch, was mich zwang, Dich auch
menschlich zu suchen und nicht zu ruhen, bis Du mir Deine
Freundschaft gewährtest, das war dies von der Mär vom
Ritter Manuel ausstrahlende, zauberhaft gebrochene Licht
des Wissens um die Ebene des Traumes, von dem Dichtung
ein Abglanz ist."

Freundschaften, die ich im sogenannten alltäglichen Leben beobachtete und die sich literarisch nicht dokumentiert
haben, sind von nicht geringerer Schönheit; doch das ist
ein anderes Thema.

Hinwendung zum Mitmenschen –
ein Leitmotiv russischer Gegenwartsliteratur

Überschaut man die Sowjetliteratur der letzten acht
Jahre, stellt man fest, daß die unbewußt schaffenden und
wirkenden Kräfte der Seele durch keine Macht umgewan-
delt werden können. Früher oder später erstehen unausrottbare, seelische Ansprüche und behaupten ihr Recht.
Bis 1958 war das Hauptthema der linientreuen Werke
der Traktor, die Zugehörigkeit zur Partei, die Arbeit
für das Allgemeinwohl, für den Weltsieg des Kommunismus. Verbissen kämpfte der Held für die Übererfüllung
der Arbeitsnorm, für bessere Produktionsmethoden. Das
private Leben spielte eine untergeordnete Rolle und galt
– etwa wie Plüschmöbel – als antiquiertes Überbleibsel
der niedergekämpften, sentimentalen und noch immer zäh
zu bekämpfenden Bourgeoisie.

Gilt die Literatur als Spiegel eines Menschen, eines Volkes und einer Epoche, so müssen wir zwischen der Sowjetliteratur und russischer Literatur unterscheiden. Jene, zumeist preisgekrönt, ist ein Papageientum, das die Vorschriften der Partei in mehr oder weniger literarischer Form wiederholt. Die russische Literatur, die gezwungen war, in den Untergrund zu flüchten, wurzelt in Dostojewskij und in seiner Kernerkenntnis: „Ohne Gott ist der Mensch allein."

In der russischen Literatur der letzten acht Jahre bricht sich ein neuer Ton den Weg, die Zahl der ketzerischen, apolitischen Werke, die Zahl der der Generallinie Untreuen vermehrt sich. Das Neue ist das subjektive Element. In Lyrik und Prosa lehnt man sich gegen die Parteiführer, die Organisatoren der Massen, gegen die Propagandisten auf, man verlangt also genau das Gegenteil von den in Bert Brechts Stücken eingehämmerten Tendenzen. In dem Roman von Kotschetov, „Sekretär des Obkom", wird dem Parteimitglied Demeschkin vorgeworfen, daß er einen Obstgarten mit zweihundert Obstbäumen angelegt habe. Der Einzelne habe kein Recht, seinen persönlichen Bedürfnissen nachzuleben. Demeschkin, eine repräsentative Figur der neuen russischen Literatur, fühlt sich nicht schuldig und besteht energisch auf dem Recht seiner Privatheit: „Ich brauche den Blick nicht vor euch zu senken. Ist das Haus etwa gestohlen? Nein, nicht gestohlen. Ist der Grund gestohlen? Nein, nicht gestohlen." Es interessiere ihn nicht, was der Kommunismus in hundert Jahren erreichen werde, er möchte heute, gleich, jetzt gut und glücklich leben. Er sei nicht bereit, sein Leben aufzuschieben und seine Freude am Privatbesitz zu leugnen.

Den russischen Menschen verlangt es heraus aus dem Kollektiv und hin zum Mitmenschen, also genau das Gegenteil dessen, was Bert Brecht in seinen Stücken lehrt. Der heutige russische Mensch begnügt sich nicht mehr damit, daß er eine eigene Wohnung, ein Büfett und einen Regenmantel hat, er verlangt nach geistigem Brot, nach Eigenständigkeit, nach dem Mitmenschen.

Eine Reihe von Werken ist in den letzten Jahren erschienen, die die Privatheit als einzig menschenwürdiges Ziel schildern; Gestalten treten auf, die nicht für die Partei, sondern für die Verwirklichung des eigenen Selbst kämpfen. Hier seien nur einige Beispiele erwähnt. Ninka in Vera Panovas Roman „Abschied von den weißen Nächten" (1961) sucht das Glück in der Liebe. Die propagierte kommunistische Zukunft ist ihr gleichgültig. Einem Komsomol-Aufruf folgend, hat sie sich zur Arbeit in Sibirien gemeldet, bleibt aber zurück, weil sie sich in einen verheirateten Mann verliebt hat. Vom Standpunkt der Partei etwas ganz Ungeheuerliches, ja, etwas Unanständiges, sich für eine persönliche Liebe zu entscheiden. Obwohl Ninka nicht als nachzuahmendes Vorbild geschildert wird, wäre vor zehn Jahren die Publikation eines ähnlichen Romans undenkbar gewesen.

Hier sei auch auf Vladimir Toropygin hingewiesen. Sein Poem „Von dir Versprochenes" hat auch eine individuelle Liebe, und zwar eine unglückliche Ehe, zum Thema. Wie die Proklamation einer neuen Ära klingen im Munde eines Kommunisten die Worte:

> „Mir scheint, wir sollten sprechen
> . . . .
> über der Freundschaft Prüfung,
> über das Suchen nach Liebe,
> denn auch darin besteht unsere Generation
> und unsere Zeit."

In dem Roman von Vladimir Tendrjakov (geb. 1923), „Eine außergewöhnliche Begebenheit", setzt sich ein Gymnasiallehrer für die Wahrheit der Gefühle ein. Ein Mensch mit einem unterdrückten Gefühlsleben sei sein eigener Feind wie auch der Feind aller anderen. Das höchste im menschlichen Leben seien die geistigen Werte. Gegen Hartherzigkeit und Gleichgültigkeit helfen weder Vorschriften der Partei noch Impfungen und Injektionen, heißt es in diesem Roman. „Mit welchen Formeln soll die ethische Schönheit des Menschen berechnet werden?" Keine der wissenschaftlichen Arbeiten habe den Sinn für Naturschönheit in dem Maße erweckt wie Isaak Levitan, kein wissenschaftlicher Traktat menschliche Gefühle in dem Maße wachgerufen wie Tschechows Erzählungen. Tendrjakov, der als linientreuer Kommunist seine schriftstellerische Tätigkeit begann, erregt in letzter Zeit bei der Kritik großes Unbehagen. Der Kern seiner Werke rundet sich nämlich in der Frage: „Wohin kommen wir ohne Seele?" „Ein seelenloser Mensch, versehen mit der Kraft der Zerstörung — kann es etwas Furchtbareres geben?" Dieser Roman, der 1961 in einer dem kämpferischen Atheismus gewidmeten Zeitschrift gedruckt wurde, ist ein Bekenntnis zum Primat des Geistes, eine Ablehnung des Materialismus. Daß das Manuskript publiziert und der Verfasser bisher nicht verhaftet wurde, ist schier unbegeiflich. Mit der nicht zu unterdrückenden, zum Menschsein gehörenden Gefühlswelt, die mit Gefühlsduselei nicht zu verwechseln ist, erwacht auch wieder das religiöse Organ: Das Erbe Tolstojs und Dostojewskijs läßt sich im russischen Menschen nicht ausmerzen. Zu Stalins Zeiten hat man das eigene Denken verlernt. Pascal aber hat recht, daß man sich einen Menschen eher ohne Hände oder Füße als ohne eigene Gedanken vorstellen kann.

„Wir wollen nach unserer Art leben... wir sind noch nicht zur Welt gekommen", heißt es bei dem 1933 geborenen Romanschriftsteller Vasilij Aksenov, der Arzt von

Beruf ist und dessen Dimka voller Wonne und ohne Rücksicht auf seine Umwelt vermoderte Mauern niederreißt (im Roman „Sternfahrerkarte").

Diese wenigen Beispiele, denen noch eine lange Reihe hinzugefügt werden könnte, beweisen, daß die uralte, unausrottbare russische Frage wieder erwacht ist: Wofür lebe ich, was ist der Sinn meines Lebens?

Ein Pferd arbeitet, ein Traktor arbeitet, aber ein Mensch muß wissen, was in seinem Innern vorgeht. Die Zweifelnden, die Suchenden, die Wahr-Sager, die über den Sinn des Lebens Nachdenkenden sind das Neue in der jüngsten russischen Literatur. Die Sowjetregierung bezeichnet diese Richtung als Häresie. Daß sich zu dieser Häresie in den kommunistischen Staaten Hunderttausende bekannt haben, ist ein schlagender Beweis, daß das Geistig-Seelische auf die Dauer nicht erdrosselt werden kann.

Religion und Kommunismus sind Erbfeinde. Aber in den letzten Jahren ist trotz der atheistischen Propaganda ein Anstieg der Religiosität zu bemerken; dies beweisen schon die verschärften Angriffe auf die Gläubigen. Für die Bibel werden auf dem schwarzen Markt phantastische Preise bezahlt. Die Partei brandmarkt Studentinnen, die so „zurückgeblieben" sind, daß sie ein Kreuzchen unter der Bluse tragen. In dem bereits erwähnten Roman „Eine außergewöhnliche Begebenheit" fragt die Gymnasiastin Tosja: „Warum soll man nicht an Gott glauben, wenn Gott uns Menschen geschaffen hat?" Sie glaubt an Gott, weil sie ohne Glauben nicht leben kann. „Gott ist eine Form für das Gute und für die Gerechtigkeit. Und wenn ich" — schreibt sie in ihr Tagebuch — „an das Gute glaube, muß ich auch an Gott glauben." Das „Anbeten der Bretter", der Ikonen, sei gar nicht dumm. Die Ikone sei nur ein Symbol Gottes, nicht Gott selbst. Und sie schließt mit dem Wunsch, einfach zu leben, nicht zu zweifeln, zu glauben und sich nicht zu verstecken. An anderer Stelle heißt es: „Wenn unsere größten Dichter, Tolstoj und Dostojewskij, an Gott geglaubt haben, warum sollen wir es nicht auch tun?"

Die von der russischen Literatur nicht wegzudenkenden Pilger, die Straniki, treten wieder auf. Wallfahrtsorte werden beschrieben. Pilger sitzen nachts um ein Lagerfeuer und lauschen den uralten religiösen Legenden. Junge Pilger legen ein Gelübde ab, auf Knien um einen heiligen See zu rutschen. Die Presse greift Veröffentlichungen dieser Art scharf an; die Pilger, die Gläubigen werden als Schwachsinnige, als Scharlatane verhöhnt.

Seit 1959 erscheint die Zeitschrift „Wissenschaft und Religion", die mit pseudo-wissenschaftlichen, primitiven Mitteln Religiosität jeder Art niederzutreten versucht. Ein illegales Eremitenkloster in den Wäldern Westsibiriens wird lächerlich gemacht. Wir erfahren von Männern und Frauen, unter denen auch ganz junge Leute sind, die den weltlichen Dingen entsagt haben, von Beeren, Nüssen, Pilzen und Gebeten leben. Der Hunger nach Wahrheit und geistiger Nahrung ist auf die Dauer nicht zu unterdrücken. Die Religiosität und Privatheit in dieser oder jener Form gehören zum Bestandteil der Thematik der neuen russischen Literatur. In Westeuropa resigniert man, in Osteuropa diskutiert man, das heißt, man sucht, man denkt nach.

Auf seiner Reise durch Westeuropa hat Jewtuschenko den Halbstarken und Halbzornigen ein Gedicht gewidmet:

> „Scharf, finster,
> unzufrieden,
> sind sie dem Jahrhundert ohne Nutzen...
> Ich verstehe,
> was sie nicht wollen —

aber was sie wollen,
verstehe ich nicht.
Unmöglich besteht das Credo dieser Jugend
lediglich darin,
sich kraftvoll auszufluchen!"

Er fleht das Schicksal, die Zukunft an (wen sollte er
sonst anflehen?):

„Gib ihnen nicht bequeme Ruhe —
gib ihnen Glauben
an Gerechtigkeit und Güte."

Es liegt mir fern, die Sowjetunion zu idealisieren. Nicht
Hitler hat als erster die Todeslager errichtet und die Ausrottung ganzer Völker befohlen, es waren Lenin und
Stalin. Auch weiß ich aus vielen Briefen, die ich auf illegalen Wegen aus der Sowjetunion, aus den gewaltsam unterdrückten und annektierten Republiken, wie auch aus den
Arbeitslagern Sibiriens erhalte, daß trotz der großartigen
Inszenierungen in den Theatern der Hauptstädte, trotz
der hohen Künstlerhonorare, trotz der Millionenauflage
von Büchern, trotz der tadellos funktionierenden Unter-
grundbahn, trotz der Weltraumpiloten dieses Land auf
technischem und kulturellem Gebiet mindestens drei Jahrzehnte hinter Westeuropa zurückgeblieben ist. Die zwischenmenschlichen Beziehungen im Alltagsleben sind —
schon aus Mangel an Muße und aus Angst vor der Partei —
zum größten Teil erbärmlich in ihrer Beschränktheit.
Die Wegweiser des neuen Lebens, die Verfasser der
wurzelfesten russischen Literatur, riskieren, nach Sibirien
verschickt zu werden, um in der endlosen Taiga und
Tundra spurlos zu verschwinden. Trotzdem erscheinen

immer wieder Werke, die uns vom urrussischen Menschen berichten.

Die Wesenszüge der neuen russischen Literatur kommen uns am klarsten zum Bewußtsein, wenn wir eine Grunderkenntnis Samuel Becketts einem Leitmotiv Jewtuschenkos gegenüberstellen. Der französisch schreibende Ire ist im Westen nicht minder beliebt als der Sibirier hinter dem Eisernen Vorhang. Im „Endspiel" von Beckett sagt Hamm (ob der Name mit dem russischen Wort Cham — gemeiner Kerl, Schurke — zusammenhängt, bleibe dahingestellt) zu seinem Diener Clov (der Leser ist geneigt, das v nicht auszusprechen), dem einzigen Menschen, den er herbeizurufen noch die Möglichkeit hat: „Ich brauche dich nicht mehr." Clov: „Moment mal, bitte, ich bin es, der dich nicht mehr braucht." Hamm: „Wir sind es, die einander nicht mehr brauchen." Der letzte Satz muß unterstrichen werden, er umschließt die Pointe des ganzen Stückes.

Dagegen Jewtuschenko im Poem „Babij Jar", diesem Monument, das er für die 40 000 in Kiew erschossenen Juden errichtet hat:

> Mir ist es nötig,
> im Freunde den Freund zu erkennen.
> Wie wenig können wir sehen,
> riechen!
> Weder die Blätter
> noch den Himmel.
> Aber wir können sehr viel —
> zärtlich
> den Freund in dunkler Kammer umarmen.

In den demokratischen Ländern hat man es nicht nötig, sich für eine Umarmung des Freundes in einer dunklen Kammer zu verbergen, aber man schämt sich jeder zärtlichen Regung mehr als einer unzüchtigen Neigung. Im Westen wimmelt es von Homunkuli, in Osteuropa sucht man leidenschaftlich den Weg zum lebendigen Menschen. Nicht nur Dichter, auch Wissenschaftler tun dieses. Ein Professor der Moskauer Universität, W. M. Turbin, wählt als Motto zu seinem Buch „Genosse Zeit, Genosse Kunst" ein Wort des Revolutionärs Majakowski, der sich aus Enttäuschung an der Revolution das Leben nahm:

> Aus der Ferne der Zeit
> ersteht eine andere,
> dritte Revolution,
> die Revolution des Geistes.

Für diese dritte Revolution, für die Vergeistigung des Lebens, für die Unzählige ihr Leben ließen und für die die besten Menschen im Osten heute kämpfen, ist im Westen wenig getan worden, trotz der Aufdeckung der drei Höllen: Auschwitz — Workuta — Hiroshima. Man hat gerichtet und hingerichtet, aber keine neuen Tafeln errichtet. Man lebt, als sei nichts geschehen und daran geht die Jugend zugrunde. Der junge Mensch braucht nicht·so sehr Zerstreuung und Entspannung als seelische Anforderung und geistige Inanspruchnahme. Er leidet nicht darunter, daß sein Leben schwer ist, viel mehr und öfter leidet er unter lähmender Ziel- und Sinnlosigkeit seines Daseins.

Von der „Freiheit" im heutigen Sowjetrußland zeugt die Tatsache, daß Boris Pasternaks gesammelte Werke herausgegeben werden; von der noch immer waltenden Unfreiheit — daß in dieser Ausgabe der „Dr. Schiwago" fehlt. Von der neuen Ära zeugen die Franz-Kafka-Übersetzungen und die vielen literarischen Arbeiten über ihn. Der noch unlängst verbotene Somerset Maugham gehört heute zur Lieblingslektüre des großen Publikums.

Verboten aber sind noch immer T. S. Eliot, James Joyce, D. H. Lawrence, Marcel Proust, Samuel Beckett und seltsamerweise auch Albert Camus und Hermann Hesse.

In meiner Dostojewskij-Monographie habe ich darauf hingewiesen, daß jede Sowjetkritik den Stempel der Partei trägt. Unlängst erschien in Moskau das kleine, nur hundert Seiten umfassende Buch des 75jährigen J. E. Golosowker, „Dostojewskij und Kant", das zu den altrussischen mystischen Traditionen zurückkehrt und das der rationalistischen Ethik Kants die Christusethik Dostojewskijs gegenüberstellt. Das, was wir über Golosowker wissen, ist wenig: Er ist ein hervorragender Übersetzer von Pindar und Hölderlin, fünf Jahre hat er im Straflager zugebracht wie fast alle Geistesaristokraten in Osteuropa. Als der jugoslawische Journalist Mihajlo Mihajlov im Sommer 1964 den für die russische Gegenwart außergewöhnlichen Dostojewskij-Forscher besuchen wollte, erwies sich dies als unmöglich: Der Mann war einfach nicht aufzufinden. Seine Wohnung war verschlossen, niemand öffnete dem Gast die Tür. Auch in der philologischen Fakultät der Universität erhielt er keine Auskunft.

Schließlich gelang es dem hartnäckigen Jugoslawen, nach vielen Telefonanrufen zu erfahren, daß dieser „Sonderling Golosowker, dieser unmögliche Mensch", der zu keinem Kompromiß fähig sei, sich im Krankenhaus befände, aber niemand hatte das Recht oder den Mut, ihm zu sagen, in welchem Krankenhaus. Es wird wohl wieder ein Irrenhaus sein, sonst wäre die Verheimlichung seines Aufenthaltsortes unerklärlich.

Stellen wir die vorherrschenden Motive der westlichen Gegenwartsliteratur den russischen gegenüber, konstatieren wir, daß in Osteuropa ein verzweifelter Kampf um die Befreiung des Individuums aus den Fesseln der Partei, die Bert Brecht verherrlichte, geführt wird; das vorherrschende Thema der freien demokratischen Länder dagegen ist die Entindividualisierung und Enthumanisierung, die an eine Denunzierung des Menschen grenzt.

Wer einiges über die Situation des russischen Schriftstellers erfahren, wer wissen will, was Freiheit heute in der UdSSR bedeutet, der muß das Buch von Valerij Tarsis „Krankensaal Nr. 7", das in der deutschen Übersetzung den Titel „Botschaft aus dem Irrenhaus" trägt, Seite für Seite studieren.

Als ich es im Original las, lief mir ein Schauder über den Rücken, obwohl ich den Bolschewismus aus eigener Erfahrung wie auch aus ungezählten legalen und illegalen Publikationen kenne. Leider büßt die Chronik in der Übersetzung den melancholischen Unterton ein; der düstere Hintergrund, auf dem die Geschehnisse geschildert sind, verliert an schwarzer Farbe, die einzelnen Ausdrücke erwecken nicht jene Reminiszenzen und Assoziationen wie im russischen Original. Schon die von Tschechow entlehnte Überschrift ist bezeichnend: Tschechow empörte sich gegen den Zustand in den Irrenhäusern, und nun, nach siebzig Jahren sind die Verhältnisse weit schlimmer geworden.

Chruschtschow führte einen ununterbrochenen Krieg mit den Schriftstellern; die Zaren und Machthaber im Osten fürchten nämlich nichts so sehr wie das zündende Wort der Dichter. Er versprach Freiheit, ohne zu wissen, was dieses Wort bedeutet. Zu Stalins Zeiten kamen die Kämpfer für Freiheit und Wahrheit ins Gefängnis oder verschwanden spurlos von der Erdoberfläche. Wo und wie sie hingemordet wurden, wußte niemand. Die von Chruschtschow verheißene Freiheit bestand darin, daß er selbständig Denkende ins Irrenhaus sperrte. Wer der Wahrheitsaussage verdächtig wird, bei dem erscheinen Schlägertypen in weißen Kitteln, aus stumpfen Ochsenaugen blicken sie ihr Opfer an, verfrachten es mit Gewalt in die sogenannte Pestfuhre, die den Unglückseligen ins Moskauer Irrenhaus, die berüchtigte „Datscha Kastschenko" bringt, die heute von den Sowjetbürgern ebenso gefürchtet wird, wie zu Stalins Zeiten der finstere Kerker Lubljanka. Daß diese allen medizinischen, hygienischen und humanen Forderungen widersprechende Anstalt den euphoristischen Namen Datscha (Villa, resp. Erholungsort) trägt, erinnert uns daran, daß die Lüge zum Regierungssystem Sowjetrußlands gehört.

Valerij Tarsis, einer der wenigen russischen Schriftsteller, von dem in der demokratischen Welt einige Werke bekannt sind, wurde 1906 in Kiew geboren und wuchs im Geiste der Revolution auf. Er studierte und beherrschte mehrere Sprachen und wurde als ausgezeichneter Übersetzer — über dreißig Bände, hauptsächlich aus dem Italienischen, stammen aus seiner Feder — von der Partei anerkannt. Seine ersten Erzählungen erregten kein Aufsehen. In seinen Reifejahren aber mußte dieser überzeugte Revolutionär einsehen, daß das Sowjetregime nicht die ersehnte soziale Gerechtigkeit, sondern einen totalitären Polizeistaat aufgebaut hat, der sich in nichts von dem verhaßten Faschismus unterscheidet. 1960 kam es zum endgültigen Bruch mit der Partei. Als bekannt wurde, daß er die Erzählungen „Die blaue Fliege" und „Schwarz und Rot" auf illegalem Wege zur Veröffentlichung in den Westen gesandt hatte, wurde er unter Anwendung von Gewalt in die „Villa Kastschenko" abtransportiert. Diese Tatsache ließ sich nicht verheimlichen und erregte in der westeuropäischen wie auch in der amerikanischen Presse ein so großes Aufsehen, daß die Machthaber sich gezwungen fühlten, ihn 1963 zu befreien. Kaum aus der Datscha entlassen, in der die interessantesten Persönlichkeiten, die

Kämpfer für das freie Gewissen eingesperrt sind, schrieb er die „Botschaft aus dem Irrenhaus", die natürlich in Sowjetrußland nicht erscheinen konnte und uns heute, in mehrere europäische Sprachen übersetzt, eine Vorstellung gibt, in welche Hölle ein Schriftsteller gelangt, der es wagt, das zu sein, was er ist.

Bei der Lektüre des Buches hört man den Flügelschlag eines mächtigen, in einen engen Käfig gesperrten Vogels, der ununterbrochen gegen die eisernen Stäbe anrennt; obwohl er sich Kopf und Brust blutig geschlagen hat, ergibt er sich nicht in seine Gefangenschaft.

Die Mottos der einzelnen Kapitel sind ein Charakteristikum des ganzen Werks. Sein am meisten bewunderter Lehrmeister ist natürlich Dostojewskij. Das Werk beginnt mit dem hellseherischen Wort dieses Dichters, der vor hundert Jahren, den Bolschewismus voraussehend, schrieb: „Die Welt wird ins Wanken geraten wie nie zuvor . . . Nebel, Nacht wird Rußland umhüllen und die Erde wird weinen nach den alten Göttern." Pate zu diesem Buch hat Tschechow gestanden, der die berühmte Kurzerzählung, das Meisterwerk „Krankensaal Nr. 6" schrieb. Die Gesunden kommen ins Irrenhaus, die Irren laufen in der Freiheit herum. Andere Mottos sind von André Gide, Oscar Wilde, George Meredith, Emily Dickinson, Thomas Mann, und ein ganz besonders schönes von Gottfried Keller. Stellt man die Namen dieser Autoren in eine Reihe, so ahnt man den geistigen Humus, in dem das Wesen von Tarsis wurzelt: Ein unbezwingbarer Individualismus, der krasse Gegensatz des von der Partei geforderten sozialistischen Realismus, den der Verfasser „Opium für Dummköpfe" nennt. In der Chronik aus dem Irrenhaus nennt Valerij Tarsis sich Valentin Almasow. Ohne poetische Ausschmückungen, im Stile eines Chronisten, berichtet er fragmentarisch von Tagnächten in der Anstalt, in der die

Insassen nicht von Fachärzten, sondern von ärztlich geschulten Polizisten behandelt werden. Die Schrecken der Hölle, die machtlose Empörung der Unschuldigen, die Apathie der Betäubten sind der Gehalt des Buches. Der größte Teil der Inhaftierten dieser Villa sind Opfer des sowjetischen Regimes. Vor der Revolution beherbergte diese Anstalt nie mehr als tausend „Patienten", jetzt sind in denselben Räumen sechstausend zusammengepfercht. Die Irrsinnigen singen die Internationale nach einem selbstverfaßten Text, in dem es von den Ärzten heißt:

„Mit Drogen sie zerstören
der Menschen Geist und Sinn."

Widerspenstige kommen in die Abteilung für Tobsüchtige, wo sie bis zur Besinnungslosigkeit geprügelt werden. Die wenigen, tatsächlich psychisch Kranken können hier nicht geheilt werden, da für den Homo Sowjeticus der Begriff Seele überhaupt nicht existiert; schon der Gebrauch dieses Wortes gilt als Zeichen kontrarevolutionärer, also strafbarer Gesinnung. Alle „Kranken" erhalten das gleiche Medikament — Aminosin. Als geistig unnormal werden alle erklärt, die das sozialistische Paradies nicht schätzen, alle, die den Freitod einem Leben im Sowjet-Paradies vorziehen. Erschreckend groß ist die Zahl der Selbstmörder, die fast ohne Ausnahme junge Menschen sind. Zu den Irrsinnigen zählen auch alle, die bei dem Versuch, mit der amerikanischen Botschaft Kontakt aufzunehmen, ertappt worden sind.

Der Konflikt zwischen Eltern und Kindern ist groß. Die Sechzigjährigen, die Überlebenden, wollen ihre Kinder nach den Vorschriften der Partei erziehen, um ihnen ein gutes Auskommen, eine Karriere zu sichern. Das Generationsproblem ist in Sowjetrußland, wenn auch aus anderen Gründen, nicht minder scharf wie im Westen. Die Kinder wollen nicht den „Heldenweg" ihrer kommunistischen Väter gehen, der in eine Sackgasse führte und die persönliche Freiheit raubte.

Valerij Tarsis hat sich die donquichotische Aufgabe gestellt, die Seele des Menschen zu retten. Es geht ihm um die Seele der Mitmenschen und vor allem um seine eigene. Er behauptet, die russische Intelligenz vor der Revolution habe ein zehnmal höheres Niveau gehabt. Schon die Tatsache, daß zwei Familien in ein Zimmer zusammengepfercht sind, macht Freundschaft und Briefeschreiben, also Privatheit, auch außerhalb der Irrenanstalt unmöglich. Märtyrer sind nicht nur die Patienten, sondern auch die Ärzte, die nicht Polizisten, sondern wahrhaft Heiler sein wollen; sie sind gezwungen zu lügen, ihre Patienten zu mißhandeln, um nicht selbst als irrsinnig erklärt zu werden.

Voller Bitterkeit gedenkt Valerij Tarsis der Schriftsteller aus der freien Welt, die die Sowjetunion besuchen und, in ihr Vaterland zurückgekehrt, nur Positives über sie berichten. Er schlägt vor, man sollte John Steinbeck und anderen namhaften Persönlichkeiten des westlichen Geisteslebens nicht nur das Theater und die Bildergalerien zeigen, sondern auch die überfüllten Irrenhäuser. Die westlichen Schriftsteller sollten endlich wissen, wie es um die Freiheit ihrer Kollegen in der UdSSR bestellt ist.

Wäre John Steinbeck in der Sowjetunion geboren, so hätte er keine Zeile drucken können, er wäre von den Handlangern Stalins liquidiert worden oder säße jetzt neben Tarsis-Almasow in der Hölle: „Mr. Steinbeck, ich hoffe, Sie werden nicht beleidigt sein, daß ich Sie hierher in dieses dreckige Irrenhaus einlade." Anstelle des Namens Steinbeck könnte man die Namen aller jener westlichen Autoren setzen, die die Sowjetunion besucht haben und begeistert zurückgekehrt sind. Auch gegen Scholochow, dieses „farblose, unansehnliche Männchen", richtet sich die Empörung des Chronisten wie gegen alle, die die Wahrheit mehr fürchten als den Tod und vorbehaltlos der Tyrannei dienen.

Weiter heißt es bei Tarsis: „Kein einziger genialer Denker, der die Aristokratie des Geistes verkörpert, angefangen von Heraklit bis hin zu Nietzsche, hätte eine so armselige und klägliche Lehre hervorbringen können wie dieser bärtige deutsche Philister Karl Marx." Nur stupide Dogmatiker, Demagogen und Verbrecher seien fähig, ihm zu folgen. Das Paradies des Kommunismus nennt er eine Knechtschaft, furchtbarer als die der Babylonischen Gefangenschaft. Es sei leichter, einen ausgewachsenen Wolf in einen Vegetarier zu verwandeln als einen sowjetischen Räuber in einen Menschen. Valerij Tarsis geht es um Sein oder Nichtsein der menschlichen Persönlichkeit, die Bert Brecht und seine Anhänger auszulöschen versuchen. „Man muß endlich einsehen, daß die freie Welt nicht für irgendwelche politischen Formeln und Systeme kämpft, sondern um die Rettung des *Menschen!*" Er wagt das Wort Mensch mit Großbuchstaben zu schreiben und erinnert dadurch an Saint-Exupéry und den Ausspruch des idealistischen Revolutionärs Maxim Gorki: „Das Wort Mensch hat einen stolzen Klang."

Seine größte Ketzerei ist, daß er an die Seele des Menschen glaubt, daß er die Masse verachtet und eine Gesellschaft edler Persönlichkeiten gründen will.

Als typischer Russe, als östlicher Mensch, sucht er den Sinn des Lebens. Er zählt seine Wegweiser auf, angefangen von Heraklit bis herauf zu Dostojewskij. Von den deutschen Dichtern hat er eine besondere Vorliebe für Fontane. Er träumt von einer neuen Sprache, die ihre Ausdruckskraft aus dem Feuer der Leidenschaft schöpft. In seinem

Herzen brennt die Sehnsucht, in der ihn umgebenden Dunkelheit dem Stern von Bethlehem nachzuziehen.

In Stunden der Verzweiflung, im Chaos, das Rußland überzogen hat, retten ihn drei Dinge: erstens und vor allem ine Fantasie, die ihm Bilder eines strahlenden Lebens . . der freien Welt vorgaukelt. Für diesen wagemutigen Europäer ist die Voraussetzung zum Schönen wie auch das Kriterium des Schönen — die Freiheit. Trotz aller Qualen, von denen die schwerste das Nichtschreibendürfen ist, glaubt er an die Güte, die einigen Einzelnen innewohnt. Die Irrsinnigen, die Kranken, sind in seinen Augen wertvoller als die sogenannten Gesunden, die versteinten Unmenschen, die sich dazu hergeben, ihre Mitmenschen zu quälen.

In Stunden der heftigen und unabwendbaren Melancholie versenkt er sich in die Erkenntnisse und Gedichte seiner liebsten Autoren, die er auswendig kennt und „empfindet dabei einen körperlichen, geradezu unheimlichen Genuß." Unzählige Male spricht er sich die Worte Marc Aurels oder auch Pasternaks vor:

„Ich bin allein. Ringsum ertrinkt die Welt
in Heuchelei — ein Leben zu durchwandern
ist kein Spaziergang übers Feld."

Eine Welt ohne die Brüder Karamasow, ohne die Appassionata, ohne den David von Michelangelo, ohne das Abendmahl von Leonardo da Vinci kann er sich nicht vorstellen.

Wenn sein erstes Remedium das freie Spiel seiner Phantasie ist (ein Wunder, daß diese ihn selbst im Irrenhaus nicht verließ), sein zweites die intensive Verbundenheit mit den Repräsentanten der Weltliteratur, so ist sein drittes und vielleicht stärkstes Mittel gegen Anfälle der

Depression das Wissen um das Erscheinen seiner Werke in der freien Welt, wo er einige wahrhafte Freunde zu haben glaubt.

Valerij Tarsis besitzt die wunderbare Gabe, die erst den Menschen zum Menschen macht — die Wahrheit zu erkennen, und die noch seltenere und wunderbarere — den Mut, diese Wahrheit zu leben, jenen Mut, der heute in Westeuropa immer mehr verkümmert. Während einer ärztlichen Untersuchung, bei der auch ein berühmter Professor zugegen ist, nennt Tarsis im Gespräch die Sowjetgesellschaft einen Müllabladeplatz der Menschheit, dessen Gestank die ganze zivilisierte Welt verpeste. Nach solchen Worten kann allerdings in der Sowjetunion niemand zweifeln, daß er vollends verrückt sei. Die Chronik schließt im Jahre 1963 ab. Erstaunlicherweise wurde er nicht ins Irrenhaus gesperrt, nachdem seine Botschaft im freien Westen erschienen war.

Anthony de Meeus in Brüssel, der literarische Vertreter von Valerij Tarsis im Ausland, ließ bei Schriftstellern der freien Welt Bittschriften herumgehen. Diese Petitionen, von 200 Persönlichkeiten unterschrieben, haben die sowjetischen Behörden veranlaßt, dem gehetzten Valerij Tarsis die Ausreise nach Westeuropa zu genehmigen.

Legt man „Die Botschaft aus dem Irrenhaus" aus der Hand, kann man kaum glauben, daß in unserer aufgeklärten Zeit ein paar tausend Kilometer weiter Menschen für ihren unabweisbaren Drang, die Wahrheit zu sagen, ins Irrenhaus eingeschlossen werden. Andererseits erfüllt den Leser eine ungewohnte Hochachtung vor der Spezies Mensch, der Leben und persönliche Freiheit aufs Spiel setzt, um die höchsten menschlichen Werte nicht zu verraten. Aber auch ein Gefühl der Scham beschleicht uns: Was haben wir aus der Freiheit, deren wir teilhaftig sind, gemacht?

Nach Beendigung des Abschnitts über die russische Literatur erhielt ich die Nachricht, daß Valerij Tarsis in England eingetroffen sei und Vorlesungen an der Universität Glasgow halte. Sein Gebet, das als unterirdischer Quell die Botschaft aus dem Irrenhaus durchzieht: „Gebt, o gebt mir die Freiheit", ist erhört worden. Auch ein anderes Bekenntnis aus seinem Werk geht mir nicht aus dem Sinn: „Alles vergeht, alle Gefühle verblassen, nie und nimmer — der Haß." Was muß ein humanistisch gesinnter, religiöser Mensch gelitten haben, um zu einem solchen Schluß zu kommen. Als Motto über sein ganzes Leben könnte man seinen Aphorismus setzen: „Ich liebe das Leben, mich aber liebt der Tod."

Die Manuskripte, die er jetzt in der Freiheit publizieren kann, werden uns sein wahres Antlitz zeigen, vorausgesetzt, daß die Behandlung im Irrenhaus seine schöpferischen Kräfte nicht ausgelaugt hat. Er ist klein von Wuchs, hat den krummen Rücken der Bücherschreibenden, seine Stirn ist voller Falten, seine Bewegungen sehr nervös, seine Antworten aber schlagfertig. Sein Frau, eine Lettin, ist gestorben. Seine Tochter und seine Enkelin, die er zärtlich liebt, sind in Sowjetrußland zurückgeblieben. Die Sowjetregierung hat ihn ausgebürgert. Auf meinem Schreibtisch liegt ein Brief von ihm, zerrissen von der Ambivalenz der Gefühle: Er ist glücklich, endlich in der Freiheit zu sein, endlich das schreiben zu können, was er denkt, andererseits aber quält ihn der Gedanke an alle die unzähligen Schuldlosen, die im Kerker und Irrenhaus geblieben sind. Andrej M. Siniawskij (Abram Tertz), der Sproß einer alten Aristokratenfamilie, ist zu sieben Jahren Zwangsarbeit verurteilt worden und der Jude Juli M. Daniel — zu fünf. Beide haben das gleiche „Verbrechen" wie Valerij Tarsis verübt: ihre Werke unter einem Pseudonym im Westen veröffentlicht.

Juli Daniel (Nikolai Arschak) publizierte im Westen die beißend scharfe Satire „Hier spricht Moskau", in der er berichtet, daß neben den anderen Festtagen der Sowjetunion der 10. August zum „Tag des Mordes" proklamiert worden ist. An dem genannten Tag haben alle Bürger das Recht, jeden, mit Ausnahme der Polizei und der Militärpersonen, zu töten. Die Niederschrift dieser Satire muß nun der vierzigjährige Juli Daniel in einem Straflager büßen. Die immer wieder stattfindenden Demonstrationen gegen die Zensur und Unfreiheit helfen wenig. Stalin ist tot, Stalins Geist scheint unsterblich zu sein.

Zum Abschluß noch einige weltanschauliche Einsichten dieser Männer, die im Sowjetregime aufgewachsen und wie schwere Verbrecher verurteilt worden sind.

Valerij Tarsis: „Ich bin ein gläubiger Mensch, Gott hat es wohl so gewollt."

Siniawskij – Abram Tertz: „Wir haben uns lange genug Gedanken über den Menschen gemacht. Es wird Zeit, an Gott zu denken." „Warum hat Christus niemals gelächelt? War es nicht deshalb, weil das Lächeln eine unpassende Sache ist im Gefängnis, in dem zum Tode Verurteilte sitzen?"

„Man muß glauben aus dem einfachen Grunde, weil es Gott gibt."

Die russischen Schriftsteller begreifen nicht, daß die westlichen Literaten ihre Freiheit mißbrauchen, um den Feinden der Freiheit zu huldigen.

FREUNDSCHAFTEN

Männerfreundschaft —
Hugo von Hofmannsthal und Carl J. Burckhardt

Von den Männerfreundschaften, die sich in der ersten Hälfte des 20. Jahrhunderts durch Briefe dokumentiert haben, will ich bei der geistigen Wechselwirkung zwischen Carl J. Burckhardt, dem repräsentativen Schweizer, der Bodenständigkeit und Weltoffenheit in seinem Wesen vereinigt, und Hugo v. Hofmannsthal, einem der großen Österreicher, „früh gereift und zart und traurig", der die Tragödie des Nur-Künstlers und Lebenstoren kannte, verweilen. Der impressionistische Repräsentant des alten Wien starb am 15. Juli 1929 an Traurigkeit, zwei Tage, nachdem sein geliebter Sohn durch einen Schuß in die Schläfe sich das Leben genommen hatte.

Der Briefwechsel begann 1919, als der 45jährige Hugo von Hofmannsthal in den deutschsprachigen Ländern bereits berühmt war, und der 25jährige Carl J. Burckhardt am Anfang seiner diplomatischen Laufbahn stand, und währte bis zum Tode des Dichters von „Jedermann". In den zehn Jahren ihrer Freundschaft haben sie 202 Briefe gewechselt, und zwar ist die Zahl der Briefe, die beide einander geschrieben haben, ungefähr die gleiche. Mehrfach haben sie einander besucht. Mit den Jahren wird der Ton der Briefe immer intensiver, doch eine gewisse Distanz bleibt gewahrt. Bis zum Schluß reden sie einander mit Sie an, und erst ein Jahr vor dem Tode Hofmannsthals tritt in der Anrede anstelle des verehrten und lieben Herrn das Wort Freund. Intim persönliche Erlebnisse sind ausgeklammert. Direkte Entladungen seiner Gefühle und Stimmungen erlaubte sich Hofmannsthal in Briefen nicht. In dieser Hinsicht sind seine Briefe ein direkter Gegensatz zu den Beichten eines Dostojewskij oder André Gide. Der Allempfängliche ist eine ihm widerliche Erscheinung. In einem Brief an Richard Strauss heißt es sehr deutlich: „Mir ist alles Persönliche ein Greuel." Ob sich Carl J. Burckhardt dem Tonfall seines 20 Jahre älteren Freundes anpaßte oder ob diese Zurückhaltung eine ihm angeborene Eigenart war, ist schwer zu entscheiden. Jedenfalls empfinden beide einen Widerwillen gegenüber dem Bestaunt- und Begutachtetwerden, und Burckhardt äußerte sich, er gehöre nicht zu den vielen Schmeckern und Einfühlern, die sich überall herumtreiben. In einem seiner Briefe heißt es: „Ich stamme wohl aus einem Nebenfluß desselben Stromes, dem Sie angehören."

Freundschaft zwischen Personen, deren Geburtstag zwei Jahrzehnte trennen, ist an sich etwas Ungewöhnliches; aber die Beziehungen zwischen Burckhardt und Hofmannsthal hatten ein festes Fundament durch die gleiche Stufe der verfeinerten Intelligenz, durch die verwandte Geistesrichtung. Sie stimmten in entscheidenden Tiefen, in unendlich vielen Regungen und Urteilen überein. Keiner von beiden kannte die Erniedrigungen und die Grausamkeiten des Existenzkampfes, der die zur Freundschaft notwendige Muße wie ein Raubtier verschlingt. Grandseigneure ihrer Natur nach, stammen sie aus kulturgesättigten Häusern, waren beide eminent westeuropäische Persönlichkeiten durch die wache Präzision ihres Denkens, wie durch ihr persönliches Verantwortungsgefühl für Wahrheit und Freiheit, aber auch durch ihr Fernsein von den russischen geistigen Riesen, dem Weltgefühl des Ostens.

Das Hauptthema der Briefe kreist um schöpferische Arbeit, um das Schicksal Westeuropas. Vorausahnung des Abendlanduntergangs überschattet die Korrespondenz. „Das nackte Gebälk tritt hervor und zittert bis in die Grundfesten", schreibt Hugo von Hofmannsthal bereits 1919. Der am häufigsten erwähnte Dichter ist natürlich Goethe. Dostojewskijs Name taucht kein einziges Mal auf. Dichter wie Tschechow oder Alexander Block, dessen Revolutionsgedicht „Die Zwölf" bereits 1917 in Deutschland sehr bekannt war, beide Spender geistiger Nahrung für den östlichen Menschen, scheinen für den Schweizer ebensowenig zu existieren wie für den Wiener. Tolstoj wird mit wenigen Worten dreimal erwähnt, bezeichnenderweise von Burckhardt und nicht von Hofmannsthal. Der junge Historiker zählt Tolstoj zu den unzweifelhaft Großen der Dichtung, den er seltsamerweise in einem Atemzug mit Melville und Dickens nennt. Charakteristisch für Burckhardt, der drei selten miteinander verbundene Gaben besitzt — die des Wissenschaftlers, Diplomaten und Dichters — ist folgender Ausspruch: „Am nächsten an dasjenige, was man mit so großem Hochmut historische Wahrheit nennt, kommen nur die Dichter heran. Das Wesen der Dichter ist, nicht lügen zu können, denn die wahre Erfindung ist so wahr wie der Traum." Tolstojs „Krieg und Frieden" nennt der junge Historiker „hohe Geschichtsschreibung", zu der er auch Schillers Wallenstein zählt.

Wie begierig auch Hofmannsthal jedem Worte seines jungen Freundes lauschte, vergebens blieben die Versuche des Schweizers, den typischen Großstädter für Jeremias Gotthelf zu interessieren. Indem Burckhardt Weltschau und Gestalten Gotthelfs skizziert, zeichnet er den Deutsch-Schweizer überhaupt, insoweit dieser dem Bauerntum verbunden ist: „Für mich ist dieser Berner ein gewichtiger Teil meiner Liebe zur Schweiz . . . Wenn in Gotthelf die

Elemente ausbrechen, steht immer noch eine höhere Macht, die den Elementen und ihm selbst gebietet, neben ihm." Von den Hofbauern heißt es in demselben Brief: „Sie sind Grundtypen aus der stolzen Welt des freien Bauerntums und darüber hinaus des freien, mit Grund und Boden schaltenden Menschen überhaupt, sie sind mehr hingestellt vor uns als dargestellt, ohne die leiseste Anleihe der Ironie der Spätlinge aus den Großstadtkulturen. Sie treten an vor uns, großartig ruhig in ihren mächtigen Leidenschaften, das Schicksal strömt kontrapunktig in den Tiefen einer Welt, die wie von J. S. Bach geordnet, ihren still gewaltigen Lauf nimmt, immer unter diesem Licht einer strengen, nie ausschweifenden Hoffnung."

Burckhardt nennt die Kunst des großen Berners „männlich, nüchtern und gerade deshalb von so beglückend großer Lyrik." Ohne sich dessen bewußt zu sein, charakterisiert er mit dieser Aussage seine eigene Persönlichkeit, sein eigenes, erst in späteren Jahren geschaffenes Dichtwerk, besonders mit dem Satz, in dem er an Jeremias Gotthelf die Souveränität des Menschen auch vor dem Verhängnis, Souveränität von Gottes Gnaden rühmt.

Carl J. Burckhardt behauptet, er sei kein großer Leser, er kehre immer zu den gleichen Büchern zurück; zu diesen gehörte auch der elementar naturhafte Jeremias Gotthelf, für den er den Spätling der Großstadtkultur nicht gewinnen konnte. Trotzdem war für ihn der Wiener ein nicht zu ersetzender Wegweiser.

Der Tonfall Burckhardts ist wärmer; die Bildhaftigkeit seines Ausdrucks ist stärker. Aber der verwöhnte Wiener scheut sich nicht zu gestehen, wie sehr er des herben Weins der vitalen Geistigkeit Burckhardts bedürfe. Ein Jahr vor seinem Tode schreibt er: „Zu schwer habe ich dieses ganze Jahr Ihre Gesellschaft entbehrt — das Klima Ihres Geistes, das dem meinen so verwandt und so zuträglich ist. Ich glaube, es gibt niemanden, dessen Gesellschaft mich so ganz zu mir selber bringt, mich so frei und wohltuend mich selber sein läßt, wie die Ihre. Es ist ein sehr Tiefes uns gemeinsam, dieser Drang zu umfassen und zu erhalten — aber rings um dieses Tiefste ist noch eine unendliche Gemeinsamkeit."

An anderer Stelle schreibt der früh alternde Hofmannsthal: „Es ist, wenn man in mein Alter gekommen ist, die Freundschaft und eine neue Freundschaft wie ein wunderbares Elixier. Man muß sich erneuern, will man nicht erstarren — und man fühlt, daß man's muß —, aber den Weg findet man nur durchs Gefühl für einen jüngeren Menschen." Der Wiener brauchte den Schweizer, der schon in jungen Jahren die Gelassenheit der Reife besaß, nie aber ein Wanderer auf Wegen des Behagens war; er brauchte ihn als Leser und Lauscher, nicht nur seiner Werke, seiner halbfertigen Manuskripte und Pläne; er brauchte ihn als Widerhall, in dem sich seine eigene Stimme läuterte und diese vor greiser Müdigkeit bewahrte.

Für beide waren Ordnung und Ebenmaß lebenserhaltende Kräfte, und das erfüllte Werk die Krönung des Lebens. Beiden war der Sinn für die Ausnahme, für das Erlesene angeboren und durch Tradition, Bildung und Muße geschärft. Carl J. Burckhardt, dem alle Herrlichkeiten des Lebens offenstanden, bekennt, daß er die größten Beglückungen seines Lebens durch Freundschaft empfing, und die gleichen Gedanken liest man auch in den Briefen des Wiener Dichters. Mehrfach kommen beide auf das Wesen der Freundschaft zu sprechen. Carl J. Burckhardt sagt mit Recht, dieses Wort sei so verbraucht und im Gebrauch erniedrigt wie dasjenige der Liebe. „Wo aber ein Zustand ihn wirklich verdient, diesen hohen Namen, da ist etwas Wunderbares vorhanden, gemeinsame, unausgesprochene Ahnung, Übereinstimmung, gleichgerichtetes

Streben oder bisweilen auch Uneinigkeit, aber Uneinigkeit in Sympathie, die sich alsbald durch diese Sympathie belebt, entwickelt und zu einer höheren Form des Einverständnisses gelangt."

Der vorletzte Brief Carl J. Burckhardts vom 18. April 1929, den er drei Monate vor dem Tode seines Freundes schrieb, ist ein Hoheslied auf die Freundschaft. Ich zitiere hier die markanteste Stelle; es sind Worte, die man auswendig lernt, um in unserer Gegenwart, die von der Pest der Gleichgültigkeit heimgesucht ist, am Mitmenschen nicht zu verzweifeln: „Wir wissen nichts Sicheres von unserer letzten Stunde. Eines ist sicher, wenn man Weggenossen etwas hat sein können, wenn man einmal diesen um das Geheimnis wissenden Blick von Kreatur zu Kreatur, jenseits von allen Worten hat tauschen dürfen, ist etwas geschehen, das vieles aufwiegt, was dann auch an Fehlschlägen einen treffen mag. Und das ist wohl der tiefste Sinn der Freundschaft."

Carl J. Burckhardts Mitsinn, dessen höchste Stufe die Freundschaft ist, prädestinierte ihn zum Porträtzeichner, dem Heiligenbilder und Karikaturen gleichermaßen fremd sind. Mit den Jahren hat sich seine Fähigkeit, gegenwärtige und verschollene Figuren sichtbar zu machen und klar zu umreißen, gesteigert und heute ist er einer der hervorragendsten Porträtisten. Die von ihm gezeichneten Gestalten prägen sich unvergeßlich in unsere Erinnerung ein (Theodor Heuss, Dinu Lipatti, Werner Reinhard u. a.).

Burckhardt sagt, sein Großvater, bei dem er seine Kindheit im Juragebirge verbracht hat und der à livre ouvert griechisch und lateinisch las, habe die Quelle des diskreten Glücks, die Fähigkeit zur Dankbarkeit besessen. Auch sein Enkel besitzt sie. Er empfindet unzerstörbare Dankbarkeit und Treue einer Landschaft, seinen Lehrern und ganz besonders seinen Freunden gegenüber. Am treuesten ist er vielleicht Richelieu, dessen Gestalt ihn schon dreißig Jahre begleitet, dessen Wesen er in unentwegter Hartnäckigkeit studiert und immer plastischer herausmodelliert.

Wenn der Briefwechsel zwischen Burckhardt und Hofmannsthal eines der schönsten Menschheits- und Kulturdokumente des 20. Jahrhunderts ist, ein Konzentrat schweizerischer und Wiener Eigenart, das den Leser durch die eminent lebendige Wechselwirkung zweier hervorragender Persönlichkeiten fesselt, so werden all diese Vorzüge noch durch den polyphonen Ausdrucksreichtum gesteigert. Der Band der Korrespondenz dieser beiden Männer ist eines der reinklingendsten, sprachlich reichsten Bücher deutscher Prosa.

Clara Haskil und ihre Freunde

Wie es intelligente, hervorragende Menschen gibt, die für Musik unbegabt sind, so auch solche, die in vielen Lebenssparten Beachtenswertes leisten, ohne einen Sinn für Freundschaft zu haben.

Im allgemeinen ist die Frau für Freundschaft weniger begabt als der Mann; biologisch gebunden, unterwirft sie sich dem entgegengesetzten Geschlecht und lebt hingebungsvoller im Mann und im Kinde als im Mitmenschen. Wir kennen mehr Freundschaften zwischen Brüdern als zwischen Schwestern, Frauenfreundschaften sind seltener als solche, die Männer für ihr ganzes Leben verbinden. Besitzt aber die Frau das Talent zur Freundschaft, verwandelt sie es — wie jedes Talent — aus einem Gattungswesen zur Individualität von einmaliger seelischer Schönheit.

Ein Genie der Freundschaft war — um bei historischen

Gestalten der Neuzeit zu bleiben — die rumänische Pianistin Clara Haskil.

Wer ihre Konzerte und Schallplatten gehört hat, weiß vom Beifall, den man ihr spendete, vom Ruhm, der sie umgab, und stellt sich ein Leben voller Glanz, Reichtum und Erfolge vor. Im Geiste sieht man einen blendend weißen, hoch in den Himmel emporragenden, schneegekrönten Gipfel, zu dem die Talbewohner voller Bewunderung und manche voller Neid emporschauen. Wer aber ihre Biographie genauer studiert, wem ein Einblick in ihre persönlichen Aufzeichnungen, in ihr vor der Öffentlichkeit scheu verdecktes Leben vergönnt war, sieht eine reifbedeckte Wiese: Viele Blumen sind vom Frost geknickt, Blätter und Stengel im Schmerz gekrümmt, schwarz vor Kälte; aber auf allen Halmen und Gräsern strahlen Taudiamanten.

Über Clara Haskil als geniale Pianistin ist viel geschrieben worden. Das, was ich hier hervorheben will, ist ihre Fähigkeit, Sympathie auszustrahlen und zu wecken, ihre Weltinnigkeit und Weltoffenheit.

Der Größe ihres Genies entspricht die Größe ihrer Lebenstragik. Durch außergewöhnliche Geistesgaben vom Himmel auserkoren, von unheilbarer Krankheit ans Kreuz geschlagen, erreicht sie schon auf Erden eine hohe Stufe der Vollkommenheit.

Es ist nicht auszudenken, was mit ihr geschehen wäre ohne den finanziellen und moralischen Beistand ihrer Freunde europäischer Nationalität. Auf ihrer an Hindernissen reichen Bergbesteigung wäre sie zusammengebrochen, ohne den Gipfel erreicht zu haben — für den schöpferischen Menschen eine Qual, die alle körperlichen Schmerzen übersteigt.

Sie brauchte zum Musizieren nicht nur Partner, sie brauchte Freunde, wie Ferenc Fricsay betont hat. Mit den größten Musikern ihrer Zeit hat sie konzertiert – Georges Enescu, Eugène Isaye, Pablo Casals, Ferenc Fricsay, Rafael Kubelik, Herbert von Karajan, Arthur Grumiaux, Igor Markewitsch, Nikita Magaloff, Geza Anda u.a. – und war bei ihren Kollegen beliebt wie nur noch Kathleen Ferrier. Aber auch ihre Zuhörer, Menschen, die ihr zufällig auf ihrem unruhigen Wanderleben begegneten, empfanden für sie spontane, begeisterte Zuneigung, Ärzte und Mäzene setzten sich für die rumänische Pianistin ein. Hier seien nur die Namen Werner Reinhard, Mme. Paul Desmarais, die Princesse de Polignac genannt.

Im Sommer 1965, während meines Aufenthaltes am Genfer See, lernte ich Lily Haskil, die ältere Schwester der großen Mozartinterpretin, kennen, die durch ihr denkendes Herz und ihre verfeinerte Intelligenz viel Ähnlichkeit mit der Pianistin hat und die mir durch persönliche Gespräche einen Einblick in das tragische Geschick Clara Haskils vermittelte. Lily Haskil lebt heute nur noch für das Gedächtnis ihrer Schwester. Diese Freundschaft zwischen den beiden Schwestern ist in ihrer Tiefe und Stetigkeit einer der schönsten Sätze in der Symphonie der gegenseitigen menschlichen Beziehungen.

Wenn wir das Leben Clara Haskils mit einem von ihr selbst geprägten Wort überschreiben wollten, dann wäre es folgender Satz aus einem ihrer Briefe: „Une bonne amitié est une raison de vivre."

In einer Nacht kam Clara Haskil zu mir im Traum. Sie hatte um die Schultern den weißen, weichen Schal aus Kaschmirwolle, den sie sich kurz vor ihrem Tode gekauft hatte und den Lily in Vevey mir zum Abschied schenkte. In Claras großen schönen Augen stand Trauer. Sie sagte sehr ernst: „Keine einzige Note darf falsch sein." Da ich sie nicht recht verstand, fügte sie erklärend hinzu: „Wenn Sie von mir erzählen, müssen Sie nicht nur von meinem

Ruhm, sondern auch von meiner Hölle sprechen. Kennen Sie nicht selbst die Hölle?" Heiße Flammen schlugen mir ins Gesicht; ich erwachte.

Von ihrer Kindheit wissen wir wenig. In bescheidenen Verhältnissen wuchsen drei einander innig liebende Schwestern in Bukarest auf: Lily, geb. 1891, Clara, geb. 1895, und Jana, geb. 1898. Die Älteste und die Jüngste waren für Musik begabt, die Mittlere war ein Genie. Alle drei sind unverheiratet geblieben. Ihr gemeinsames Heiligtum war die Musik.

Clara war ein schönes, überzartes Kind mit großen melancholischen Augen, weichen Gesichtszügen, einem sinnlichen Mund, einer hohen Stirn und langem, üppigem, kastanienbraunen Haar. Ihr Vater, von Beruf Kaufmann, starb, als sie fünf Jahre alt war. Den ersten Klavierunterricht erhielt sie bei ihrer Mutter; sie konnte mit sechs Jahren die Sonaten Mozarts, die ihre Schwester Lily einstudiert hatte, nach dem Gehör fehlerfrei nachspielen, und zwar in jeder beliebigen Tonart, die man anschlug. Diese Frühreife des menschlichen Gehirns wirkte geradezu unheimlich. Man stand vor dem lieblichen Kinde wie vor einem Rätsel.

In ihrem siebenten Lebensjahr wird sie von zu Hause getrennt. Avram Moscuna, ein Bruder ihrer Mutter, ein Österreicher, der Medizin studiert hatte, bringt sie nach Wien zu Professor Richard Robert.

Die kleine Rumänin erweckt in der österreichischen Hauptstadt nicht nur Staunen und Bewunderung, sondern auch viel menschliches Wohlwollen. Professor Richard Robert, der in jenen Jahren an der Spitze des Musiklebens stand, prophezeit dem Kind eine glänzende Zukunft und nimmt es in sein Haus auf wie ein Familienmitglied. Anka Landau-Bernstein, die auch in Wien Musik studiert, verliebt sich geradezu in die Kleine, die mit zehn Jahren an einem öffentlichen Abend das A-Dur-Konzert von Mozart spielt. Begreiflicherweise hat das scheue Kind Sehnsucht nach Hause, nach den geliebten Schwestern, nach der schützenden Fürsorge der Mutter, nach heimatlicher Geborgenheit.

Nach zweijähriger Trennung darf sie zum erstenmal für kurze Zeit nach Bukarest zurückkehren. An jedem Abend stellt sie traurig fest: „Schon wieder ein Tag weniger." Der immer näherrückende Abschied schreckt sie wie ein Gespenst. In späteren Jahren ist sie mehrfach in Rumänien gewesen, 1909 und 1911, jedesmal für zwei Konzerte. 1922 gab sie wiederum Konzerte in Bukarest und blieb dieses Mal drei Monate; 1937 sieht sie ihre Heimat wieder, im November 1938 zum letzten Mal.

Sie ist zehn Jahre alt, als der Onkel sie nach Paris ins Konservatorium bringt. Sie beginnt in der Unterklasse bei Mme. Chené, um dann bei Alfred Cortot Meisterschülerin zu werden.

Avram Moscuna wollte fraglos das Beste für das genial begabte Kind, aber er besaß nicht die Gabe der Einfühlung; er ließ es an Zärtlichkeiten fehlen und hatte keinen Sinn für Heiterkeit, die die mimosenhafte Clara mehr als die Himmelssonne benötigte. Zu Hause hatte sie rumänisch gesprochen, in Wien die deutsche Sprache erlernt, in Frankreich war sie gezwungen, sich wieder eine neue Sprache anzueignen.

Jedes plumpe Wort schreckt sie, jede rauhe Berührung der Außenwelt verletzt das empfindsame Gemüt. Ihre instinktive Sprache war die Musik, mit der sie zur Welt gekommen war; aber bei ihrem ersten Aufenthalt in Paris war sie noch zu jung, um sich durch ihr Können glücklich zu fühlen. Oft ganz allein, sich selbst überlassen, befällt sie Angst. In ihren Briefen nach Hause kehrt das unübersetzbare rumänische Wort „dor" (das etwa dem deutschen

Sehnsucht entspricht) wie ein Klageschrei immer wieder. Sie stellt Vögel aus Papier her und schreibt auf alle einen und denselben Satz: „Bukarest, Bukarest komm nach Paris."

Gewöhnlich bleiben die Wunderkinder in ihrem Wunderkindstadium stecken, im 20. Lebensjahr haben sie sich in der Regel völlig verausgabt. Clara Haskil ist in dieser Hinsicht eine Ausnahme. Auch als man ihr Spiel bereits vollkommen nannte, hörte sie nicht auf zu arbeiten. Drei Dinge, die die Weiterentwicklung eines Künstlers bedrohen, kannte sie nicht: Selbstzufriedenheit war ihr ebenso fremd wie Resignation und Verbitterung.

In Paris fehlte es nicht an Anerkennung von seiten der Musiker, aber die Impresarios engagierten sie nur selten. Berühmt wurde sie in Paris über Nacht erst im Jahre 1951, und zwar durch eine Kritik von Gavoty. Im Jahre 1913 — sie ist 18 Jahre alt — erhält sie Aufforderungen, in den Hauptstädten Europas zu konzertieren. Eine leuchtende Sonne ist über ihrem Leben aufgegangen. Doch noch ehe sie den Glanz genossen, verdunkelt sich das Licht. Anzeichen einer bösartigen Skoliose stellen sich ein: Die Wirbelsäule beginnt sich zu verkrümmen, die verlockenden Konzerte müssen abgesagt werden.

In der Musik gab es für sie nichts Unerreichbares, aber ihren Mitmenschen gegenüber war sie scheu, hatte Angst vor jedem Ortswechsel, praktischen Forderungen, neuen Bekanntschaften. In Berck, in der Nähe von Pas de Calais, wird ihr Rumpf bis in die Achselhöhlen eingegipst. Hier sind nur fremde Menschen um sie. Der Onkel ist als Österreicher in einem Lager interniert. Es mangelt an allem. Die Eingipsung vollzieht sich in einem ungeheizten Raum.

Vier Jahre mußte sie diesen Panzer ertragen, getrennt von der Familie und den Freunden. Für jedes normale Menschenkind wäre dieser Zustand eine schwere Prüfung;

er ist grausam für eine Künstlerin, die durch die Bewegung ihrer Hände lebt. Jeder Tag, an dem man sich nicht in seinem Fach übt, wirft einen für Monate zurück. Nicht spielen zu können, bedeutete für Clara lebendig begraben zu sein. Da die Arme frei waren, versuchte sie ein paarmal, einige Akkorde auf dem Klavier anzuschlagen, erschrak aber vor den fremden, dünnen Tönen, die ihre schlaffen Hände hervorbrachten. Im bleischweren Gipspanzer konnte sie sich nur mühsam und langsam fortbewegen. Sie fror entsetzlich, seelisch noch mehr als körperlich.

Vergebens war ihr Flehen, sie aus dem abtötenden Kerker zu befreien. Auch als das Fieber auf 40 Grad stieg, erlöste man sie nicht von der für ihren zarten Körper zu schweren Last.

Der Kerker der Isolation war niederdrückend, aber noch niederdrückender die Einsicht, daß sie den Panzer umsonst getragen hatte. Eine Zeitlang war der Rücken ein wenig gerader, dann kehrte die Verkrümmung der Wirbelsäule in noch schlimmerer Form wieder und blieb bis zu ihrem Tode. Die Kerkerhaft hatte sie mager und blutarm gemacht.

Inzwischen war ihre Mutter gestorben. Eine tiefe physische und psychische Depression lastete auf ihr wie ein Stein. Kaum hat sie Berck verlassen, wird sie von einer Bronchitis überfallen. Wieder einmal steht sie am Rande eines Abgrundes und wieder streckt sich ihr, der Fremden, der Vaterlandslosen, eine hilfreiche Hand entgegen. Madame Desmarais hatte Clara spielen gehört und war von der jungen Pianistin so begeistert, daß sie diese in die Schweiz zur Erholung schickte. Dort verbringt Clara drei geruhsame Jahre und kommt allmählich wieder zu Kräften. Die Tatgüte ihr freundschaftlich gesinnter Menschen, der ihr eingeborene Humor helfen das eigene Selbst wiederzufinden. Der Stern in ihrem Innern ist nicht auszulöschen. Erst 1921, mit 26 Jahren, kann sie wieder öffentlich auftreten. Der Schweizer Dirigent Ernest Ansermet ebnet ihr den Weg. Nach siebenjährigem Schweigen gibt sie ihr erstes Konzert in Lausanne, ihr zweites in Genf. Trotz ihrer stark geschädigten Gesundheit und der großen Aufregung, die sich ihrer vor jedem öffentlichen Auftreten bemächtigt, sind die Erfolge unerhört.

Sie wird nach Brüssel eingeladen, und Königin Elisabeth bittet sie, in ihre Loge zu kommen. 1927 hält sie sich hauptsächlich in der Schweiz auf. Auf den Konzertreisen begleitet sie hin und wieder Jana, die in Paris im Nationalorchester als Geigerin angestellt ist. Als ausgezeichnete Tournee-Begleiterin erweist sich die französische Schweizerin Helene Striker. Diese Klavierlehrerin, ein bescheidener, stiller Mensch, ist glücklich, wenn sie der vergötterten Clara die mühseligen Alltagsdinge abnehmen kann. Oft aber geschieht es, daß Clara allein reisen, sich allein in fremden Städten und Hotels zurechtfinden, mit dem Packen ihrer Koffer allein fertigwerden muß. Zum Beispiel begleitete sie auf ihrer Reise über den Ozean niemand.

Sie spielt, auch wenn ihr ganzer Organismus nur Schmerz ist, spielt mit hohem Fieber, auch an Tagen, da sie sich nach ihren eigenen Worten „krank und erledigt" fühlt. Ihre schnell aufeinanderfolgenden Konzerte wären ohne ihr phänomenales Gedächtnis, das ja nur ein anderes Wort für die Macht des Geistes und der Konzentration ist, ohne ihre Ausdauer beim Einstudieren eines neuen Programms, nicht möglich gewesen.

Eine tiefe Freundschaft verband sie mit dem viel jüngeren Dinu Lipatti, der ja auch Rumäne war und gleich ihr den Stempel unheilbarer Krankheit und Genialität trug. Den Kritiken nach war es ein herrliches Konzert, das sie gemeinsam mit ihm auf zwei Klavieren gab.

1939, als der junge Rumäne aus politischen Gründen in sein Vaterland zurückkehren mußte, stand Clara Haskil in früher Morgenstunde auf und ging trotz ihrer überzarten Konstitution mehrere Kilometer zu Fuß, um den Freund auszubegleiten. Weder die Metro noch ein Autobus fuhren zu so früher Stunde. Vom Blickpunkt der Vernunft — ein unnützes Opfer; vom Blickpunkt der Freundschaft — ein unvergeßliches Geschenk, das Dinu Lipatti als unsichtbaren, unersetzlichen Schatz bis an sein Lebensende aufbewahrte. Die kleinen, mit Geld nicht zu bezahlenden Dinge sind das Geheimnis der Freundschaft.

Die größte Zahl ihrer Konzerte hat sie in der Schweiz und in Frankreich gegeben, in Amerika konzertierte sie 1924, 1926 und mit besonders großem Erfolg 1956 in Boston und New York. Ihr erstes Konzert in Deutschland gab sie am 21. Mai 1952 im Münchener Rundfunk; es folgten Stuttgart und Köln u. a. Sie zögerte lange, ehe sie der Aufforderung nach Deutschland nachkam. Die erste Reise trat sie mit einem unheimlichen, peinvollen Gefühl an. Ihre Konzerte fanden aber eine so begeisterte Aufnahme, sie wurde mit einem so enthusiastischen Beifall überschüttet, daß sie in den folgenden Jahren gerne nach Deutschland fuhr. Sie kannte keinen Haß; trotzdem befielen sie hin und wieder Zweifel, ob sie auch recht handle. Es war ihr untröstlicher Kummer, daß eine schwere Erkrankung die nach Israel geplante Reise verhinderte.

Das Geheimnis ihres ansteigenden Ruhms war harte Arbeit. Bei den Einspielungen auf Tonband bewies sie eine größere Ausdauer als ihre männlichen Partner. Die Einspielung der Schubert-Sonate B-Dur dauerte zum Beispiel von 19 Uhr bis 4 Uhr morgens. In einem Brief erwähnt sie die Müdigkeit ihrer Partner, mit keiner Silbe ihre eigene.

Wie die Eingipsung während des ersten Weltkrieges

ihren Aufwärtsweg rigoros unterbrach, so mußte sie während des zweiten Krieges eine viel härtere Prüfung bestehen. Als Jüdin war sie gezwungen, Paris zu verlassen. Zum Glück fand sie — wie fast überall — auch in Marseille Freunde. Comtesse Pastré nahm sie als Gast in ihrem Schloß auf und sie konzertierte gemeinsam mit Pablo Casals. Auch Jana war von Paris nach Marseille geflohen. Beide Schwestern, ihrer gewohnten Musiktätigkeit entrissen, waren bettelarm.

1942, in der schlimmsten Phase des Krieges, stellt Dr. Hamburger als Ursache von Clara Haskils Kopfschmerzen und Sehstörungen einen Gehirntumor fest und drängt auf eine sofortige Operation, die nur ein Spezialist in Paris, ein Dr. David, durchführen könne. Eine Reise Clara Haskils nach Paris war ausgeschlossen, die Gehirngeschwulst lebensgefährlich. Dr. Hamburger ist nicht nur Arzt, er ist ein Freund der Pianistin geworden. Er begnügt sich nicht mit der Diagnose. Ihm ist es zu verdanken, daß Dr. David, ein erstklassiger Chirurg, der nicht nur universales Wissen, sondern auch Liebe zum Nächsten besaß, nach Marseille kommt. Im Spital Hôtel-Dieu vollzieht er die Operation, die vier Stunden dauert. Er verzichtet auf ein Honorar, überglücklich, daß sein an ein Wunder grenzendes Werk gelungen ist. Die meisten Patienten werden nämlich nach einer Gehirnoperation dieser Art blind, viele verlieren das Gedächtnis. Clara Haskil aber gab einen Monat nach der lebensgefährlichen Operation ein Konzert und setzte ihren Weg voller Elastizität und Geistesfrische fort. Wäre Dr. Hamburger nicht so energisch gewesen, hätte Dr. David „keine Zeit" gehabt, nach Marseille zu kommen...? Selbst ein Genie ist, um die inneren Möglichkeiten zu verwirklichen, auf die Hellhörigkeit und das Verantwortungsbewußtsein der Mitmenschen angewiesen.

Als die Schweizer Freunde von Clara Haskils Ungemach

hörten, schickten sie ihr 30 000 Franken, in echt schweizerischer nobler Zurückhaltung ohne Namensnennung der Wohltäter. Clara wollte Frankreich nicht verlassen und nicht daran glauben, daß die Nationalsozialisten ihr, einer „armen Musikerin", die sich nie um Politik gekümmert hatte, bei der zu erwartenden Besetzung von Marseille etwas antun könnten.

Jana hielt sich zwei Jahre bei Bauern auf dem Lande verborgen. Claras Gesundheit war zu gebrechlich, als daß sie das gleiche hätte tun können. Ihre französischen Freunde kannten die Methoden der Nazis und drängten hartnäckig zur Abreise. Als endlich das Schweizer Visum kam, wurde Clara Haskil über die Grenze gebracht. Drei Tage, nachdem sie Marseille verlassen hatte, wurde die Stadt von den Feinden besetzt. Hätten Claras Freunde in der Schweiz und in Frankreich minder energisch ihr den Weg in die Freiheit geebnet, wäre sie wohl gleich Edith Stein eine Märtyrin roher Gewalt geworden.

Im November 1942 traf sie in der Schweiz ein, dankbar, in einem neutralen Land, in Freiheit und Sicherheit leben zu dürfen. Ihr Koffer mit all ihren Habseligkeiten war unterwegs gestohlen worden; aber was bedeutete das schon im Vergleich zu der Tatsache, daß sie nun wieder Mensch unter Menschen war?

Heute ist in Vevey ihr zu Ehren eine Straße benannt, aber erst sieben Jahre nach ihrer Einreise, also 1949, erhielt sie das Schweizer Bürgerrecht und somit das Recht zu öffentlichen Konzerten im In- und Auslande. Nicht einmal an den Salzburger Festspielen konnte sie ohne einen Schweizer Paß teilnehmen. Bewunderer ihrer Kunst, an der Spitze Michel Rossier, veranstalteten Privatkonzerte und retteten sie in ihrer paßlosen Zeit vor der auch die stärksten Nerven zerfressenden Misere des Alltags und dem Hinvegetieren eines Fremdlings in der Fremde.

Als Schweizer Bürgerin hatte sie endlich die Möglichkeit, die geliebte Schwester Lily zu sich einzuladen, die, unzählige bürokratische Schwierigkeiten überwindend, aus Rumänien über Israel zu ihr kam. Die Schwestern hatten einander vierzehn Jahre nicht gesehen, aber ihr Wesen war in derselben Tonart geschrieben, und ein Gefühl der Entfremdung kannte weder die ältere noch die jüngere Schwester. Lily führte den Haushalt, war raffiniert in Erfindungen, fade Diätspeisen schmackhafter zu machen. Zu sechsundsechzig Konzerten hat sie die Pianistin begleitet, all die Vorbereitungen zur Reise, die hundert kleinen Dinge, die für jeden Menschen notwendig sind, ob er nun ein Genie oder ein Alltagsmensch ist, erledigt.

Die Wohnung in Vevey mit dem herrlich weiten Blick auf den Genfer See, die Michel Rossier für die Pianistin gemietet hatte, war Clara Haskils erstes ständiges Heim. In den ersten Schweizer Jahren lebte sie in möblierten Zimmern und mußte zum Üben zu ihren Bekannten gehen. Erst mit siebenundfünfzig Jahren hatte sie die Möglichkeit, nach den anstrengenden Konzertreisen, wo ihr Tausende und aber Tausende zujubelten, in ein gepflegtes Zuhause zurückzukehren. Auch einen eigenen Flügel hatte sie nun endlich.

Für Clara war es ein Genuß, mit einem Menschen zusammenzuleben, mit dem sie rumänisch, in der von Kindheit auf vertrauten Sprache, sprechen konnte, einem sie selbstlos umsorgenden, in kleinen und großen Dingen verstehenden Menschen, der bereit war, nicht nur die Rosen und Orchideen nach einem Konzert ins Auto zu tragen, sondern auch Dornen und Steine aus dem Wege zu räumen. Die Freundschaft mit ihrer Schwester durchzieht wie eine Mozartmelodie den Lebensabend der Pianistin. Lily, die aus dem hermetisch abgeschlossenen Rumänien kam, genoß in vollen Zügen die Sehenswürdigkeiten der westeuropäischen Großstädte, gemeinsam mit Clara lauschte sie den berühmtesten Musikern und nahm wie am Triumph so auch an der nie ausbleibenden Misere mit der gleichen Hingabe teil. Für Lily, die gleichermaßen Zurückhaltende, Opferfreudige, Nüchterne und Hellhörige, hatten Tag und Nacht nur einen Namen: Clara.

Von den vielen Freundschaftsarten ist die zwischen zwei Schwestern die seltenste und schönste. Zu einem solchen Grad der Selbstlosigkeit, die Lilys Wesen ausmacht, sind nur Ausnahmemenschen fähig, die das lustgierige Ich und den Narzißmus in ihrem Weltinnenraum ausgeschaltet haben.

Die letzten Jahre ihres Lebens verbringt Clara Haskil abwechselnd unterwegs, das heißt auf Konzertreisen, und im Krankenbett. 1958 ist sie gezwungen, krankheitshalber über 50 Konzerte, darunter auch eine Amerika-Tournee, abzusagen. Aber als sie 1959 wieder an die Öffentlichkeit tritt, rühmen die Kritiker in noch gesteigerten Tönen die Vollkommenheit ihres Spiels. Ihre Glanzzeit erlebte sie erst nach dem 50. Lebensjahr, also nach der Gehirnoperation. Es ist, als hätte sie an den Ufern des Todesflusses eine neue Luzidität gewonnen.

Infolge der Rückgratverkrümmung lag kaum ein inneres Organ an der richtigen Stelle. Die Lungen waren eingeklemmt, eine Lungenentzündung führte sie an den Rand des Todes. Atemnot quälte sie. Das Herz saß physiologisch nicht am rechten Fleck. 1958, zwei Tage nach einem Konzert in Paris, erlitt sie einen Herzinfarkt. Sie mußte eine strenge Diät einhalten, zeitweise nur salzlose Speisen essen, die sie in ihrer Fadheit anekelten. Den größten Teil ihres Lebens war sie auf Hotelmenüs angewiesen, die unvermeidliche Beschwerden hervorriefen. Ihr Leben lang plagten sie Kopfschmerzen, besonders nach der Operation. „Mein Kopf wiegt zentnerschwer", pflegte sie zu sagen, war aber nach jedem gelungenen Konzert wie neugeboren und strahlte vor Glück.

1960 war sie nach einer erneuten Bronchitis so schwach, daß sie beim Essen nicht einmal den Löffel halten konnte. „Ich erlösche wie ein Licht", flüsterte sie Lily zu. Ihr Liebling, die Katze, die sie gerne in ihre Arme nahm, scheute die Nähe der Herrin; mit seinem Instinkt spürte das Tier die Nähe des Todes. Schwarze Traurigkeit lagerte über dem Krankenzimmer. Da, eines Tages, sprang das Kätzchen auf den Stuhl, der neben Clara Haskils Bett stand, und schnurrte behaglich. Ein Lächeln der Erlösung glitt über das abgezehrte Gesicht der Pianistin. Lily atmete erleichtert auf. In beiden Schwestern erwachte der Glaube an die Genesung. Auch dieses Mal überwand Clara Haskils geistige Energie den körperlichen Zusammenbruch.

Vom 23. Juni bis zum 10. Juli hatte sie schwerkrank zu Bett gelegen, schon am 22. August gab sie in Ascona mit Arthur Grumiaux einen Sonatenabend. Und dann folgten Konzerte in Luzern, Montreux und Paris. Eine Reihe von Plattenaufnahmen wurde gemacht. Leider besitzen wir keine Schallplatte mit dem gesprochenen Wort der Pianistin.

Scheu und leicht verletzbar, war sie dankbar für jede Art der Zuneigung und machte auf ihre Umgebung einen heiteren Eindruck. Außenstehende merkten kaum, daß jedes taktlose Wort sie wie ein Peitschenhieb traf. Ihr war, als begösse man sie mit brennendem Benzin, wenn einer der robusten Impresarios, an denen es in keinem Lande und zu keiner Zeit fehlt, an ihrem deformierten Körper Anstoß nahm und ihr direkt oder indirekt vorwarf, daß sie nicht zu den Schönheitsköniginnen zähle. Ihre sensible Natur war gegen giftige Bisse nicht gefeit. Ferenc Fricsay erzählte mir, einer der geldgierigen, plumpen Konzertagenten habe verlangt, das Licht auf der

Bühne dürfe erst eingeschaltet werden, wenn Clara Haskil bereits am Klavier säße. Der berühmte Dirigent, einer der ritterlichsten Männer, denen ich je begegnet bin (und der Degen des Ritters ist persönlicher Mut), verlangte kategorisch, das Licht müsse eingeschaltet werden, bevor Clara Haskil auf die Bühne trete, im entgegengesetzten Falle weigere er sich zu dirigieren.

Clara Haskil hat nur wenige Briefe hinterlassen. Alle Kraft ihrer Hände und ihres Geistes gehörte dem Klavier. Aber die wenigen von ihr erhaltenen Briefe, die sich zum größten Teil im Privatbesitz von Lily befinden und von denen nur wenige publiziert sind, strahlen Heiterkeit, Grazie und Bescheidenheit aus. Der aufmerksame Leser spürt, wie die Souveränität ihres Geistes die Schwermut zu verdecken sucht. Wie in der Musik Mozarts, so gibt es in ihrem Wesen keine Grenze zwischen Tragik und Heiterkeit.

Das Musikkollegium Winterthur hat in memoriam Clara Haskil ihre Briefe an den berühmten Geiger Joachim Röntgen herausgegeben. Zum Glück sind diese Briefe, ohne poliert zu werden, in dem Clara Haskil eigenen charmanten Deutsch publiziert. Im Brief vom 7. Januar 1936 heißt es:

„Ich kenne mir ja keine Eigenschaften zu, die Sympathie anregen können, ich glaube im Gegenteil, daß ich durch meinen Charakter und mein ganzes Wesen die besten Menschen doch ermüden kann, und das betrübt mich. Wenn ich im Ausdruck bringen könnte, was ich fühle, würde ich vielleicht weniger seltsam, sonderbar erscheinen."

Im März 1936 klagt sie über eine Bronchitis, die sie nicht mehr los wird, erzählt von einem Konzert, das sie trotz 39 Grad Fieber nicht abgesagt hatte. Das Postskriptum des Briefes lautet: „Vielleicht bin ich bald im anderen Leben", aber ihr Leben währte noch 24 Jahre und diese 24 Jahre waren ununterbrochene Arbeit, ununterbrochener

Aufstieg. In einem der Briefe meldet sie voll Humor, sie fühle sich besser, sei zur Apotheke gegangen, um sich zu überzeugen, daß sie vier Kilogramm abgenommen habe. „Sie können sich denken, was von meiner wertvollen Person noch bleibt." Sie scherzt über ihre Weltberühmtheit und unterschreibt: „Ihre berühmte Pariser Pianistin."

Bei dem ruhelosen Wanderleben blieb ihr wenig Zeit zum eigentlichen Lesen. Zu ihren Lieblingsbüchern gehörten Musikerbriefe: Der Briefwechsel Brahms — Clara Schumann fesselte sie besonders; die Biographien von Maurois desgleichen. Ihre Liebe zu Tieren führte sie zu den Büchern von Bengt Berg. Unter den Dichtern war es Rilke, den sie nächst Heinrich Heine bevorzugte. Rilke zu kennen hielt sie für so notwendig, daß sie seine Werke Lily nach Bukarest sandte.

Sie ist sich ihrer Gebrechlichkeit nicht minder bewußt als ihrer Weltberühmtheit, zu beiden verhält sie sich ironisch. Sie weiß, daß beide nur mit Hilfe von Freunden zu ertragen sind. Obwohl ihre Konzerte immer ausverkauft waren, lebte sie in finanzieller Hinsicht nur in den letzten zehn Jahren einigermaßen sorglos.

In einem Brief an Joachim Röntgen berichtet sie von einem Impresario, der bereit gewesen sei, für sie ein Konzert zu arrangieren, falls sie ihm im voraus für seine Dienste und Ausgaben 2500 Francs einzahle. Die Versuche, ihr eigener Impresario zu sein, mißlingen: Eine Lerche, die man an den Pflug gespannt, um die Erde für die auszusäende Saat zu lockern, ist ein wenig erfreuliches Bild.

Aus dem Jahr 1958 hat sich ein Brief aufbewahrt, in dem ein Satz steht, den selbst der ihr angeborene Humor nicht zu vergolden vermag; ich zitiere ihn ohne Korrektur und Kommentar:

„Ich habe schon vor langen Jahren vorausgesehen und von Putzfrau gesprochen, denn andere Studien habe ich nicht gemacht, aber dazu bin ich auch zu alt. Wie Ihr seht, ist mein Optimismus gewachsen."

Von den Dämonen der Krankheit und des Unbehaustseins verfolgt, schafft Clara Haskil in der Nachbarschaft des Todes aus ihrem Leben ein Kunstwerk.

Von den Freundinnen hat vielleicht Anka Landau-Bernstein am tiefsten die Wesensart der Pianistin erfaßt. In einem Brief an Lily heißt es, bald nach dem Tode von Clara Haskil: „Alles, was sie spielte, alles, was sie tat, sagte Freundschaft aus." Alles war Leben, Innigkeit, Grazie, Temperament, heißt es weiter in dem Brief, alles war geistig erfaßt, erlebt, technisch in allen Details ausgearbeitet. Ihre Reife war ein Wunder. Sie beglückte die Welt, ohne selbst glücklich zu sein. Sie half den Menschen, den Weg zum Mitmenschen zu finden.

Zu ihren Freunden gehörte auch Charlie Chaplin, der kurz nach ihrem Tode bekannte, er sei in seinem Leben drei genialen Persönlichkeiten begegnet: Clara Haskil, Professor Einstein und Winston Churchill.

Ihre beste Biographie sind die uns zugänglichen Schallplatten. Aus ihnen tritt uns ihre Gestalt jenseits von Zeit und Raum entgegen. In den Scarlatti-Sonaten entmaterialisiert sie förmlich den Flügel. Die Klavierkomposition wird zum Gesang. Ihr Hang zur Heiterkeit kommt in den Mozartvariationen zum Ausdruck: «Ah, vous dirai-je, Maman.» Ihre tragische Schönheit entfaltet sich zu voller Blüte in den beiden Moll-Konzerten von Mozart, die vom Grauen des Unergründlichen durchflutet sind, besonders im d-Moll-Konzert mit der dringend zärtlichen Frage, die auf dem Hintergrund dunkler Todesahnung ohne Antwort bleibt.

An das Kreuz unheilbarer Krankheit geschlagen, wurde sie für das jenseitige Licht immer durchsichtiger. Wie läuternd und erhebend sie auf ihre Zuhörer wirkte, davon zeugen viele Kritiken. Mich hat die von Antoine Golea in der Zeitung «Mot d'ordre» vom 2. September 1942 am tiefsten beeindruckt. Der Krieg wütete. Die Nationalsozialisten hatten Frankreich besetzt. Menschenfeindlichkeit war zum Prinzip erhoben. Das vergossene Blut verdunkelte die Sicht in den Himmel, erstickte die Erde in giftigen Keimen. In dieser Atmosphäre des Hasses und der Entmenschlichung gibt Clara Haskil ein Mozart-Konzert in Marseille, bei Mondschein im Schloßpark der Komtesse Pastré, die sie gastfreundlich zu sich eingeladen hatte. Eine entheimatete rumänische Jüdin spielt für die Franzosen den deutschen, den Salzburger Mozart, der über den Völkern und Zeiten steht. Und Antoine Golea, ein nüchterner Mann, ein strenger Kritiker, ein französischer Patriot, schreibt über dieses Konzert eine Hymne:

«Dans cette pureté, dans ce silence, sous ces étoiles, vous osez faire entendre la grande plainte du monde endolori.»

Clara Haskil konzentriere in ihrer Persönlichkeit die Seele der reinen Musik und die des großen menschlichen Leids.

«Vous concentrez en vous l'âme de la musique pure et celle de la grande souffrance humaine.»

Er vergleicht ihr Spiel mit dem Gesang der Nachtigall und fügt hinzu, es würde doch niemandem einfallen, das Lied der Nachtigall zu erklären, die Prinzipien ihrer Gesangstechnik festzustellen, zu erörtern, ob ihr Lied Seele oder Konstruktion sei. „Man gibt sich der Klangfülle hin wie diesem Sommerabend, dieser Nacht wie dem Gesang der Grillen." Wer diesen verzauberten Kreis verlasse, fühle sich weniger isoliert, weniger einsam. Er spricht von Claras Zartsinn, von ihrer unbegreiflichen Kraft, die ihr geholfen habe, aus der brutalen Pein der Krankheit in die lichtesten Höhen emporzusteigen.

Zweifellos hat die Tatkraft der Freunde ihr bei der Überwindung der steilsten Strecken ihres steinigen Lebensweges geholfen, zweifellos ist aber auch, daß sie durch die Fähigkeit, Mozarts Welt in sich aufzunehmen und in diese ihre Zuhörer einzubeziehen, Genesung von ihren Krankheiten gewann.

Wo der einzelne für Millionen spricht, erfüllt sich große Kunst, die in der Freundschaft zum Menschen wurzelt.

„Darüber kann uns kein Nützlichkeitsprinzip und keine Zuchtwahl hinwegbringen. Wenn also einer fragt: Wozu sollen wir einander fördern, einander das Leben erleichtern, schöne Musik machen und feine Gedanken zu erzeugen suchen?, so wird man ihm sagen müssen: Wenn du's nicht spürst, kann dir's niemand erklären. — Ohne dies Primäre sind wir nichts und lebten wir am besten gar nicht."

Diese Worte wiegen besonders schwer, da sie nicht von einem Weltverbesserer oder Romantiker stammen, sondern vom Begründer der modernen Physik, von Albert Einstein. Hinzugefügt muß allerdings werden, daß er diesen Brief 1919 schrieb. Sicher ohne an Clara Haskil zu denken.

Sie lebte durch ihre Hände, sie gewann Freunde durch ihre Hände, in die ihr Herz, ihr Geist, ihr Leid geströmt waren, und sie starb durch ihre Hände: Als sie 1960 in Brüssel auf der Bahnhofstreppe stürzte, stützte sie sich nicht auf die Hände, wie man das beim Fallen instinktmäßig tut, sie hob sie wie zum Gebet empor und zog sich dadurch die tödliche Verletzung zu. Clara Haskill kannte die menschlichste aller Verfassungen, die Verzweiflung. Man tut unrecht und es ist auch nicht in ihrem Sinn, aus ihr eine Säulenheilige zu machen.

Im Geiste sehe ich sie in der großartigen Landschaft von Vevey, am Ufer des die Bergriesen spiegelnden Lac Leman, in später Abendstunde ruhelos wandern, eine Fotografie, die ihr körperliches Ungemach taktlos zur Schau stellte, zerreißen und ins Wasser werfen; ich sehe sie eine Stelle suchen, die tief genug für ihr Leid wäre.

Schönheit großen Stils und Tragik sind voneinander nicht zu trennen.

Freundschaft auf der Abendschwelle – Thomas Mann und Agnes Meyer

Schopenhauer sagt, im Alter erfreuen nur zwei Dinge: Geld und schmackhafte Mahlzeiten. Augenscheinlich kannte er nicht die mit den Jahren anwachsende Serenität des Abends, das Sich-Öffnen dem jenseitigen Licht, auch nicht die Freude am geistigen Austausch; ihm fehlte ein Freund, der ihm neue Lebensströme zuführen konnte.

Freundschaften auf der Abendschwelle sind Ausnahmen. Mit den Jahren wird man wählerischer und fürchtet, sich neuen Enttäuschungen auszusetzen. Das Fehlen gemeinsamer Erinnerungen, gemeinsam begangener Feste und gemeinsamer Trauer, bildet eine schwer zu überwindende Kluft zwischen dem Ich und einem neuen Du. Anderseits bedarf man aber gerade auf der Abendschwelle neuer Freunde, um nicht zu vereinsamen, um sich nicht in eine Enge zu verkapseln. Jeder wahre Freund reißt ein Tor auf in der Mauer, die das Ich einschließt.

Wenn die Frau nur ausnahmsweise zur Freundschaft fähig ist, so ist sie doch oft hellhöriger für geistige Werte, das Einmalige erlauscht sie eher als der Mann. Maria Magdalena sah als erste den auferstandenen Christus. Malvida von Meysenbug erkannte als erste das Genie Romain Rollands. Lou Andreas-Salomé erschaute die Genialität Rilkes, als er für die Mitwelt noch nicht viel mehr als ein schöngeistiger, snobistischer Sonderling war. Tschaikowskij erhielt riesige Summen von Frau von Meck, um sein Werk zu verwirklichen, von dem ein Hamburger Kritiker gesagt hatte, es stinke vor Unmusikalität.

Die geniale Eigenart der Essays Montaignes erkannte als erste Marie de Gournay, die der französische Schriftsteller seine Wahlverwandte nannte. Nur noch über seinen Freund Etienne de la Boétie hat er in so leidenschaftlich anerkennenden Worten geschrieben. „Ich liebe sie mit mehr als väterlicher Liebe, und in meiner Zurückgezogenheit und Einsamkeit schätze ich sie als bestes Teil meines eigenen Lebens. Ich sehe nur mehr sie auf der Welt." Er hielt dieses weibliche Wesen reif für die erhabensten Dinge, fähig für die „Vollkommenheit heiliger Freundschaft." Er lobte die Lauterkeit und Festigkeit ihrer Seele. Das Urteil Marie de Gournays über seine Werke begeisterte ihn in diesem „urteilslosen Jahrhundert... die Neigung und die Hochachtung, die sie mir entgegenbrachte, bevor sie mich gesehen hatte, ist der Betrachtung und Würdigung wohl wert."

Nach dem Tode Montaignes hat Marie de Gournay seine Essays mit großer Sorgfalt und Sachkenntnis herausgegeben.

Keine Zeit ist nur ein Negativum. Wie vielfarbig die zwischenmenschlichen Beziehungen auch in unserer kahlgeschossenen Nachkriegszeit sein können, davon soll hier ein Beispiel berichten: von einer Freundschaft zwischen zwei ausgereiften Persönlichkeiten, die beide, als sie einander kennenlernten, auf der Abendschwelle standen. Er war 63, sie 51. Er hieß Thomas Mann, sie Agnes Meyer.

Thomas Mann lebte, nachdem er in Deutschland ausgebürgert war, vierzehn Jahre in den Vereinigten Staaten (1938–1952). Außer seinen Familienangehörigen stand ihm niemand so nahe wie Agnes Meyer. Im zweiten Band seiner Briefe ist die größte Zahl an sie gerichtet, und aus keinem Essay ersteht die Gestalt des Joseph-Dichters in so plastischer Klarheit, nirgends spürt man so deutlich die unantastbare Freiheit und Heiterkeit seines Werkes wie in den an die Amerikanerin gerichteten Briefen.

Der deutsche Dichter sprach fließend englisch; sich aber in einer erlernten Sprache differenziert und fehlerfrei schriftlich auszudrücken, fand er, wie jeder Autor, der mehr als nur Konstruktionen herstellt, unmöglich. In seinen Briefen sind, seit er in Amerika weilte, englische Wörter eingestreut. Unterläuft ihm dabei ein Fehler, berichtigt er ihn nicht ohne Pedanterie im nächsten Brief. Den größten Teil seiner Amerika-Briefe diktierte er deutsch in ein Stenogramm, das, falls es an Amerikaner oder Engländer gerichtet war, vom Sekretär übersetzt wurde.

Briefe schrieb er am Abend. Der Morgen gehörte schöpferischer Arbeit. Keine der Personen aus seiner Umwelt war für ihn so wichtig wie Joseph aus Ägypten. Aber Agnes Meyer gehörte zu den wenigen Ausnahmen, die er je und je dem anspruchsvollen Joseph vorzog. Alle Briefe an Agnes Meyer sind deutsch und mit der Hand geschrieben. Es gab Zeiten, da sie jede Woche Briefe wechselten. Einen acht Seiten langen Brief beschließend, bemerkt er ironisch: „Es ist, als ob wir 1830 lebten und nicht in Amerika."

Wer war diese 1887 geborene Frau, die den in seiner Ehe relativ glücklichen, weltberühmten Dichter, verwöhnt durch den Verkehr mit hervorragenden Persönlichkeiten, mehr als alle anderen fesselte? Leider sind uns ihre Briefe nicht zugänglich, und wir lernen sie nur indirekt aus den Briefen Thomas Manns kennen und aus ihrer 1953 erschienenen Autobiographie „Out of these Roots" (Dies sind die Wurzeln), die, leider noch nicht ins Deutsche übersetzt, eine notwendige Ergänzung zu den Briefen darstellt.

Sachlich und nüchtern, nicht ohne Selbstironie, berichtet Agnes Meyer, geb. Ernst, von ihrer Kindheit und Jugend, von ihrem Werden als Gesellschaftswesen. Das Norddeutsche ist in ihrem Wesen unverkennbar. Ihr Großvater väterlicherseits war Pastor im Königreich Hannover, der drei seiner Söhne nach Amerika schickte. Der Vater von Agnes studierte in New York und heiratete eine Bremerin, die in die Staaten zu Besuch gekommen war und aus einer Familie von Seefahrern und Kaufleuten stammte. Zu Hause wurde deutsch gesprochen. Es ist anzunehmen, daß die norddeutsche Tradition den Sohn des Lübecker Senators bei seiner Begegnung mit Agnes Meyer anheimelte. Agnes besuchte eine amerikanische Schule, mußte sich aber im Sommer der Erziehung und Belehrung strenger deutscher Hauslehrer beugen.

In ihrer Autobiographie verflechten sich lutheranisch-puritanische Elemente mit amerikanisch-demokratischen. Agnes hing an ihrem Vater mehr als an ihrer Mutter und meint, sie hätte dieser oft unrecht getan. Sie spricht von einer Vaterfixierung, von einem Ödipuskomplex, von dem sie sich durch Bewußtseinserhellung und strenge Selbstkritik befreite. „Ich leckte wie ein gesunder Hund meine Wunden selbst, bis sie geheilt waren." Sie studierte an der Sorbonne, war mit einer Reihe führender Künstler und Dichter befreundet; besonders hoch schätzte sie Rodin und Paul Claudel. Außer der deutschen und amerikanischen Sprache beherrschte sie das Französische und hatte sich aus Liebhaberei mit der chinesischen Sprache beschäftigt. „Verwöhnt von männlicher Bewunderung", fand sie das Leben als Studentin langweilig, wenn nicht jemand in sie verliebt war. Was sie selbst betraf, so war sie „vor allem in sich selbst verliebt", bis das Leben sie kurierte.

Als sie Thomas Mann kennenlernte, war sie längst verheiratet, hatte fünf Kinder im Alter von sechzehn bis vierundzwanzig Jahren. Ihr Mann Eugen Meyer war Jude, amerikanischer Großbankier und Philantrop. Er bekleidete eine Reihe von offiziellen Posten. Die Heirat befreite sie von finanziellen Sorgen, wirbelte aber in ihrer streng lutheranischen Familie mehr Staub auf als bei den ehrwürdigen Eltern ihres Mannes, in dessen Familie es mehrere Rabbiner gab.

In ihrer Autobiographie nennt sie ihre Heirat das Beste, was ihr je widerfuhr, und von ihrem Mann sagt sie, er sei ein Mensch, der viel verlangte, jedoch immer mehr gab, als er verlangte. Durch John Deweys Philosophie, die Weisheit der Chinesen und Thomas Manns biographische Novellen, die Mißtrauen gleichermaßen dem Abstrakten, dem Absoluten und den Utopien gegenüber lehren, sei es zu einer Versöhnung mit ihrem Vater gekommen, der ihr manche bittere Stunde bereitet hatte.

Durch ihre politischen und sozial-pädagogischen Artikel hatte Agnes Meyer als Journalistin eine angesehene Position. Ihre Briefe an Thomas Mann schrieb sie in deutscher Sprache. In einem Brief an mich berichtet sie, Thomas Mann habe ihr das große Kompliment gemacht, sie schreibe deutsch besser als die meisten Deutschen.

Intellektuell stand sie auf der gleichen Stufe wie Thomas Mann. In den meisten Urteilen stimmten sie überein, z. B. in ihrer Abneigung gegen Rainer Maria Rilke, dessen Freundinnen Thomas Mann „die Rilke-Weiber" nennt, die übel gewesen seien, „wobei ich die Fürstinnen und Gräfinnen nicht ausnehme, mit denen der österreichische Snob korrespondierte".

Im ersten Brief an sie nennt er ihr Telegramm eine Herzensstärkung. Die förmliche Anrede wie auch der Schluß der Briefe ändert sich im Laufe der Jahre nur wenig:

Liebe Mrs. Meyer, verehrte Freundin, in einigen Briefen: Liebe Fürstin, oder auch: Teuerste Fürstin. Die meisten Briefe sind schlicht mit „Ihr Thomas Mann" unterschrieben. Ganz selten stoßen wir auf Sätze wie: „Ich bin Ihnen dankbar und verehre Sie." In seinen letzten Lebensjahren unterschreibt er — und man meint, dabei seinen ironischen Tonfall zu hören —: Ihr Schützling, oder auch: Ihr alter Schützling. Er rühmt ihre Stimme erfahrener Güte, er nennt sie die mütterlich Gütige, eine großartig geartete Frau, mutig und tatenfroh. Er bewundert ihre soziale, humanitäre, politische Tätigkeit. Er dankt ihr für ihr schwesterliches Verstehen und bittet sie, Nachsicht mit ihm zu haben. Er bezeichnet sie als seinen besten Vertrauensmann, seinen besten Exegeten. Aus seinen Briefen geht hervor, daß er kaum einen anderen Menschen so brauchte wie diese Amerikanerin. Er bewundert Agnes Meyers vornehme Erfindungsgabe im Schenken und ist sich seiner Fähigkeit, auch für kleine Dinge zu danken, bewußt. Er nennt ihre Gaben ein allseitiges Herzensvergnügen: Taschentücher aus feinstem Linnen, Manschettenknöpfe aus Jade (über deren Kostbarkeit ein wenig gestritten wird), eine eigens für Thomas Mann bestellte seidene, jahrelang herbeigesehnte Arbeitsjacke erweist sich als zu kurz, und über diese unliebsame Tatsache wird viel hin und her geredet. Er freut sich, daß sie Sinn für sein angeborenes Bedürfnis nach Eleganz habe, und fügt hinzu: „Sie helfen da alljährlich sehr kundig nach. Haben Sie Dank dafür."

Das Motiv „Geschenke" läßt an den alten Goethe denken. Der Empfang von Geschenken und das höfliche Sich-Bedanken gehörte zum Lebensstil des Faust-Dichters. Er versäumte es nie, sich für den alljährlichen Tribut von zwölf Flaschen alten Rheinweins, die er mit den zwölf Aposteln verglich, auf höfisch-zeremonielle Weise bei dem Geheimen Rat Willemer zu bedanken. In der Lebenshaltung Thomas Manns, der jahrelang mit Lotte von Weimar in engster Freundschaft gelebt hatte, sind einige Züge Goethes festzustellen: Auch er verstand es, alles mit allem zu verbinden.

Der Ton seiner Briefe ist ungezwungen. Die kältende Atmosphäre seiner Werke weicht einem persönlichen, wärmeren Ton. Aus seinen Briefen tritt er uns viel sympathischer als aus seinen Werken entgegen. Er bemüht sich nicht, wie ein weltberühmter Autor zu schreiben, der mit der Publizierung seiner Briefe rechnet und partout Eindruck machen will. Es liegt ihm fern, die Grenze zwischen Brief und Essay aufzuheben, wie es Rainer Maria Rilke auf unnachahmliche Weise tat. Offenherzig korrespondiert er mit seiner Freundin über Honorare, ersucht sie, ihm eine größere Summe zu senden, damit er die Möglichkeit habe, emigrierten Schriftstellern zu helfen. Er orientiert sie über seine finanzielle Lage, den Hausbau in Kalifornien, den er mit 65 Jahren beginnt. Er verheimlicht nicht sein Erstaunen und seinen Ärger, daß die Amerikaner nicht daran denken, ihm ein Fertighaus zur Verfügung zu stellen, wie es die Schweizer für Hermann Hesse getan hätten. Er scheut sich nicht, Franz Werfel zu beneiden, der für die Verfilmung der Bernadette 100 000 Dollar erhielt. Mit verhaltenem Stolz erwähnt er den Widerhall, den seine Vorträge erwecken, einen Zuhörer, dem bei den Schlußworten Tränen in den Augen gestanden hätten.

Er berichtet über seinen Schnupfen, die quälende Bronchitis, über seine neuralgischen Gesichts- und unerträglichen Zahnschmerzen; besonders genau über seine Lungenoperation 1946, die er — nach seinen eigenen Worten — mit Gutwilligkeit und Geduld ertrug und die einen beinahe sensationellen klinischen Erfolg zeitigte. Die Widerwärtigkeiten des literarischen Lebens, die leidigen Honorarfragen sind ihm nicht gleichgültig, und er weiß, daß sie auch Agnes Meyer nicht gleichgültig sind.

Ein in den Briefen wiederkehrendes Thema sind natürlich Deutschland und die Deutschen. Den Nationalsozialismus nennt er einen blutigen Schaum, Adolf Hitler eine Kröte. Er bezeichnet sich als einen amerikanischen Patrioten, nennt Amerika die glücklichere Fremde, die ihm sein Deutschtum bewußt mache; die Nachkriegsdeutschen seien mimosenhaft empfindlich, wund, hautlos, überreizt, nach Deutschland habe er keine Sehnsucht, die vollzogene Verfremdung sei unerträglich (hier ist zu beachten, daß er das Modewort im Brechtschen Sinne gebraucht).

Nur ein einziges Mal wird in den Briefen das Thema Gott berührt. Beim besten Willen könne er nicht erklären, ob er glaube oder nicht. „Ich habe mich aber zuweilen im Verdacht, daß ich glaube." Das Wertvollste in seinen Briefen sind die Selbsterkenntnisse. Kaum einem anderen Menschen gegenüber hat sich Thomas Mann in so schlichter Offenheit über seine negativen und positiven Eigenschaften geäußert. Er erwähnt die eigentümliche Kälte seiner Mutter und ist betrübt, daß Agnes Meyer ihn einen Hagestolz und Eremiten nennt. Nichts kränkt ihn mehr, als wenn man ihn der Gefühlskälte bezichtigt.

Seiner Unzulänglichkeit bewußt, schreibt er: „Ich bin oft müde und weiß, daß ich tödlich langweilig sein kann." Es sei schwer, mit ihm eine Freundschaft aufrechtzuerhalten: „Ich kenne die Kälte und Entmutigung, die von mir ausgeht. Daß ich über mich lachen kann, ist doch immerhin ein menschlicher Zug."

In verblüffender Ehrlichkeit schreibt er seiner Freundin von seinem Phlegma, seinem Eigensinn.

Wie sehr er sich auch über die Manschettenknöpfe und andere konkrete Aufmerksamkeiten freute, so war für ihn das größte Geschenk — wie wohl für jeden schöpferischen

Menschen — Agnes Meyers bedingungslose Hingabe an sein Werk.

„Um seiner Stücke willen begibt sich ein Dichter auch in die Höhle des Löwen", heißt es in einem Brief. Nun, Agnes Meyer war keine Löwenhöhle, sagt er doch selbst, in Deutschland habe ihm kaum jemand so viel Freundschaft entgegengebracht. Mit wachem Herzen und scharfem Verstand liest die Amerikanerin jedes seiner Werke. Ihr Widerhall freut ihn bis in die Wurzel seines Wesens. Besonders herzlich dankt er ihr für den Brief über Lotte in Weimar, „der Sie nicht weniger ehrt als mich, da er Ihrer edelmütig seelenstarken Fähigkeit, zu bejahen und zu bewundern, ja, zu verherrlichen, ein so großartiges Zeugnis ausstellt".

Agnes Meyer hat über Thomas Mann eine Reihe von Aufsätzen in führenden amerikanischen Zeitungen veröffentlicht. Thomas Mann hatte allen Grund, sie seinen besten Exegeten und Vertrauensmann zu nennen. Aus ihrer Autobiographie wissen wir, wie hart sie an den Übersetzungen des Dichters gearbeitet hat. „Ich war beinahe reif fürs Irrenhaus nach der Übersetzung eines seiner politischen Essays, dessen Stil nur das Abc seines sprachlichen Feuerwerks ist", bekennt sie freimütig. Sie arbeitete auch an einem Buch über ihn, das leider bisher nicht beendet und nicht erschienen ist. In ihren Kritiken verteidigt sie ihn mutig gegen Angriffe, die selbst im Leben eines Thomas Mann nicht ausblieben. Er ärgert sich, wenn sie ihm „Dokumente einer so deprimierenden Dummheit und Bosheit" zusendet.

Mit zäher Energie vermittelt sie Übersetzer und Verleger. Offenherzig teilt er ihr mit, daß er sich auf ihre Besprechungen wie ein Kind auf Weihnachtsgeschenke freue, und versichert, niemand habe den Joseph so gut verstanden wie sie; aber er erschrickt, als sie ihn in einer ihrer Publikationen mit Tolstoj vergleicht; das war nach seinem kritischen Gefühl zu hoch gegriffen.

Die gegenseitigen Besuche waren Festtage. In einem Brief an mich schreibt Agnes Meyer, Thomas Mann habe sich ihr gegenüber folgendermaßen geäußert: „Oft habe ich Ihnen gesagt, wie sehr ich Ihr Deutsch bewundere, aber noch mehr bewundere ich Ihre Hausfrauenkunst. Ich glaube, Ihr Haus ist eines der schönsten Heime beider Kontinente." Sie erwartete ein persönliches Wiedersehen ungeduldiger als er. „Was ich Ihnen sein kann, das kann ich Ihnen überall sein", heißt es in einem seiner Briefe, „und was Sie mir sind, das werde ich aus der Besprechung der ‚Vertauschten Köpfe‘ wieder einmal dankbar erfahren."

Trotz der intensiven und lebendigen Wechselwirkung kommt es nach fünf Jahren, nachdem sie siebzig Briefe miteinander gewechselt haben, zu einem Zwist, zu einem Bruch. Man erschrickt vor der Tatsache, daß diese so reiche, vielschichtige, auf einem so hohen geistigen Niveau stehende Zuneigung so scharfe Mißverständnisse und Kränkungen zuließ.

Am 26. Mai 1943 schreibt Thomas Mann aus Kalifornien an Agnes Meyer einen Brief, den man als Abschiedsbrief bezeichnen könnte. Die Veranlassung zu gegenseitigen Vorwürfen waren eigentlich nichtige Tatsachen. Thomas Mann hatte die Briefe von Agnes seiner Familie vorgelesen, worüber die Freundin empört war. Seinerseits fühlte er sich gekränkt, daß sie das Buch seines Sohnes Klaus negativ kritisiert hatte. Ungewöhnlich scharf klingen die Worte: „Ich habe viel und bitter darunter gelitten, daß Sie für meine Kinder nichts als unverhohlene Geringschätzung und Ablehnung hegen, da ich doch diese Kinder liebe, mit demselben Recht, mit dem Sie Ihre Kinder lieben." Er wirft seiner Freundin Rücksichtslosigkeit vor und sagt ihr Worte, die wohl jeder schöpferische Mensch gesagt oder auch verschwiegen hat: „Ich, der nichts verträgt, der Ruhe und Frieden braucht wie das liebe Brot, der bei Zank und Streit weder etwas leisten noch auch nur leben kann, sondern rapid dabei zugrunde geht, ich muß eine Freundschaft zerbrechen sehen, die mir teuer war." Bei der Lektüre hat man das Gefühl, die Freundschaft sei tatsächlich für alle Zeit begraben.

Weiter heißt es in diesem Brief, der nicht nur für die Psychologie der Freundschaft, für die Charakteristik Thomas Manns, sondern auch für die Hautlosigkeit der schöpferischen Menschen überhaupt sehr aufschlußreich ist: „Sie war mir teuer. Ich wußte, was ich, der Fremdling, an ihr besaß, und habe ihr treu und sorgsam gedient. Von einem Dienst kann man wohl sprechen. Mehr Gedanken, Nervenkraft, Arbeit am Schreibtisch habe ich ihr durch Jahre gewidmet, als sonst irgendeiner Beziehung auf der Welt."

Er wirft Agnes Meyer vor, sie sei zu anspruchsvoll gewesen. Habe er sie nicht immer an seinem inneren und äußeren Leben teilnehmen lassen? Habe er ihr nicht stundenlang seine Arbeiten vorgelesen? Er wirft ihr einen Fehler vor, den viele reife Frauen ihren männlichen Freunden gegenüber begehen: Umerziehungsversuche. „Sie hatten nicht den Humor, auch nicht den Respekt, auch nicht die Diskretion, mich zu nehmen, wie ich bin. Sie wollten mich erziehen, beherrschen, verbessern, erlösen."

Daß man einen Mann von 70 Jahren (auch bei viel jüngeren ist dies allerdings der Fall) nicht ändern könne, sei doch eine Selbstverständlichkeit. Er suche eine Freundschaft voll Ausgeglichenheit und Heiterkeit. Die Beziehungen zu Agnes Meyer seien zu reibungsvoll gespannt, zu elektrizitätsgeladen, zu peinvoll emotional. In diesen Worten liegt die Diagnose der vorübergehenden Entzweiung. Thomas Mann, der Zurückhaltende, wünschte sich eine gereinigte, kühle Atmosphäre. „Pallas Athene selbst könnte in mein Leben treten — und es bliebe auch ihr nichts anderes übrig, als mich zu nehmen, wie ich nun einmal bin."

Diese Worte kann man als eine Schlüsselerkenntnis zu den sich oft wiederholenden Dissonanzen im Zusammenleben mit schöpferischen Menschen bezeichnen. Wer sich eine eigene Welt — in Wort, Farben, Tönen oder Marmor und Stein — schafft, kann nur seiner eigenen inneren Stimme folgen, auch wenn diese ihn vorübergehend auf Irrwege oder in eine Sackgasse führt. Je größer die schöpferische Kraft, desto weniger läßt sich der Betreffende nach dem Geschmack seiner Mitmenschen umschmieden.

Umwandlungen vollziehen sich von der Wurzel her, durch Begegnungen, durch Erschütterungen, durch einschneidende Erlebnisse, durch harte Arbeit, durch geistige Wechselwirkung, nie und nimmer aber durch Belehrungen, so gut gemeint und begründet sie auch sein mögen.

Am 2. Juni 1943, also sechs Tage nach dem vorwurfsvollen Brief, schreibt er ihr bereits wieder: Zank und Streit sollen ein Ende haben, heißt es gleich am Anfang. „Ich bin entschlossen, sie zu beenden, wir gehen ja beide zugrunde dabei: vieles hat, schon früher und auch jetzt wieder, wohl einfach an meiner Schreibweise gelegen, die aus einer gewissen sprachlichen Leidenschaft kommt und oft etwas Verwundendes haben mag, während es mir nur um Präzision zu tun war." Er für seinen Teil will dafür sorgen, daß diese schmerzliche Krise in einem guten, heilsamen, befestigenden Sinn Epoche machend in der Freundschaft gewesen sei. Nach ein paar Monaten ist sie wieder der liebe Weihnachtsengel, und er dankt ihr wieder für die blendend schönen Geschenke. Er besaß die Noblesse, einmal Empfangenes nicht zu vergessen, und sie, die in keiner Hinsicht kleinlich war, die Fähigkeit zur Aussöhnung.

1953 erschien Agnes Meyers Autobiographie „Out of

these Roots". Sie sandte Thomas Mann ihr Buch mit folgender Widmung: „For Thomas Mann with gratitude for the innumerable hours of enchantment which his works has given me. Agnes Meyer, Sept. 3, 1953."

Er hatte am Entstehen ihres Buches teilgenommen. Zwei Jahre, bevor es erschien, am 7. Dezember 1951, schreibt er ihr: „Ein Leben, das aus dem Erleben kommt, 'out of these roots', wird immer zu Herzen gehen, und ich verspreche mir viel von diesem Buch und seinem Einfluß auf Ihre Nation, der Sie ja längst zu einer Figur geworden sind. Warum können Frauen nicht Präsident werden, — ich meine of the United States? Sie wären dem Lande gewiß eine gute Mutter und würden es wahrscheinlich anhalten, sich mehr um seine eigene Erziehung und die Reinigung seiner Demokratie zu kümmern, als um Welterlösung." Nach dem Erscheinen des Buches gratuliert er ihr zum glänzenden Erfolg und rühmt ihr freies, energisches, mutiges Denken.

Auch nach seiner Übersiedlung in die Schweiz hält er ihr die Treue, selbst als 80jähriger unterbricht er nicht den Briefwechsel. Noch im Todesjahr redet er sie mit „Liebe Fürstin und Freundin" an, und in diesen Worten konzentriert sich der Gehalt ihrer gegenseitigen Beziehungen.

Thomas Mann starb am 12. August 1955; seinen letzten Brief an Agnes Meyer schrieb er am 16. März desselben Jahres. Sehr herzlich kondoliert er ihr zum Tode Paul Claudels. Es sei ihm ein starkes Bedürfnis, am herben Verlust Agnes Meyers teilzunehmen. „Ein Brief von Ihnen war seine letzte Freude. Sie werden nun keine liebevollen Briefe mehr von ihm erhalten. Aber was war, das bleibt, und die Erinnerungen an diese Freundschaft wird ihr ganzes weiteres Leben beglänzen."

Die gleichen Worte hätte man auch nach dem Tode von Thomas Mann Agnes Meyer schreiben können.

Es war gewiß kein Zufall, daß Thomas Mann und Agnes Meyer einander in Amerika begegneten. Durch Herkunft und geistig-seelische Veranlagung wurde sie für ihn ein Stück Heimat in der Fremde. Unser Leben weist Verflechtungen auf, die nur dem oberflächlichen Blick als Zufall erscheinen, aber bei tieferem Nachdenken sich als ein sinnbestimmtes Gefüge erweisen.

Vor mir liegen drei Bildnisse dieser eigenartigen Amerikanerin deutscher Abstammung, einer Frau großen Stils. Ein Foto aus jüngeren Jahen: eine elegante Dame in einem tief dekolletierten Kleid, selbstbewußt, intelligent, kühl, der Blick aufmerksam prüfend, die Stirn schön, der Mund ein wenig verkniffen. Unwillkürlich denkt man an einen ihrer bekenntnishaften Sätze aus der Autobiographie: „in mich selbst verliebt". Die Büste, deren Reproduktion wir in der Lebensgeschichte sehen, hat einen anderen Ausdruck: Das Ironische dominiert, dem Betrachter fällt eines der Kernwörter von Thomas Mann ein: suspekt. Ein interessanter Kopf, ein zielbewußter, willensstarker Mensch und trotzdem — scheue Weiblichkeit. Am meisten fesselt mich das Foto aus den letzten Jahren im schwarzen hochgeschlossenen Kleid. Die Haartracht ist die gleiche geblieben, die Augenbrauen haben die markante, energische Zeichnung nicht verloren, aber das Gesicht ist milder, gütiger, die Züge haben etwas Allverstehendes, Mütterliches. Alle drei Bildnisse lassen auf eine Innenwelt schließen, die unter festen Gesetzen steht.

Als Schlußwort dieser reichen, differenzierten zwischenmenschlichen Beziehungen sei hier eine Stelle aus Agnes Meyers Autobiographie zitiert: „Neue Freunde sind wie guter Champagner, sprühend und köstlich, aber alte Freunde sind wie schwerer alter Burgunder, langsam zur Vollkommenheit gereift."

Partner im Zweikampf —
Pablo Picasso und Françoise Gilot

Ich habe mir oft die Frage vorgelegt, ob ein Mensch wie Pablo Picasso, der nicht innerhalb einer Tradition lebte und schaffte, sondern alle seine Ausdrucksmöglichkeiten in unerschöpflicher Phantasie neu erschuf, der Freundschaft überhaupt fähig sei, obwohl er auf seine Mitmenschen beiderlei Geschlechts, auf seine Dienstboten wie auch die bedeutendsten Künstler seiner Zeit, eine große Anziehungskraft ausübte.

In ihm war alles schaulustiges Auge: Das in einer Schüssel aufgefangene Blut eines eben geschlachteten Hahns war für ihn nicht minder anziehend als rote Rosen in einer Kristallschale.

Dort, wo bei anderen das Gewissen sitzt, saß bei ihm eine nie zu sättigende Schaugier, die nach Gestaltung brüllte. Seine Bilder sind gewissermaßen seine Autobiographie, und einer seiner bekanntesten Grundsätze lautet: Ich gebe nicht, ich nehme.

In seinen Beziehungen zum Mitmenschen war etwas Gewalttätiges, Stierkampfartiges. In seinem Leben spielten sich die Dinge wie in einer Corrida ab. Er war der Toreador und schwang die „muleta", das rote Tuch. Françoise Gilot, die zehn Jahre mit ihm zusammengelebt hat und ihn wohl am besten kannte, hat ihn in ihrem Buch weder verleumdet noch verniedlicht, sie hat ihn, grausam und großartig, in seiner Maßlosigkeit geschildert. An einer Stelle ihres fesselnden Werkes heißt es: „Für Pablo hatte ein vollkommener Sonntag gemäß einer spanischen Regel so auszusehen: Messe am Morgen, Stierkampf am Nachmittag, Hurenhaus am Abend." Es machte ihm nicht viel aus, Messe und Hurenhaus vom Programm zu streichen, doch der Stierkampf blieb eine seiner Hauptfreuden.

Françoise Gilot läßt Picasso sagen: „Was ich malend schaffe, kommt zwar aus meiner inneren Welt. Aber gleichzeitig brauche ich den Kontakt und den Austausch mit anderen Menschen ... Ich brauche andere Menschen, nicht nur, weil sie mir etwas geben, sondern wegen dieser verfluchten Neugier, die sie befriedigen müssen. Ich male so, wie andere ihre Biographie schreiben." Er vergleicht sich mit einem Fluß, der sich unaufhaltsam weiterwälzt und Bäume mit sich führt, die zu nah am Ufer wuchsen, oder tote Kälber, die man hineingeworfen hat, oder alle möglichen Mikroben, die in ihm gedeihen. „Ich trage das alles mit mir herum und ziehe damit weiter."

Für ihn ist Freundschaft das Gegenteil von Rücksichtnahme und Nachsicht. Er fühlt sich nur zu Menschen hingezogen, die seine Phantasie anregen, und nur so lange, als sie Spannungen hervorrufen, und sei es auch auf brutalste Art. Der Clown war seine Lieblingsgestalt.

Er lebte in großem Stil, bald in Paris, bald in Südfrankreich. Ausgezeichnet verstand er es, die höchsten Preise für seine Bilder herauszuschlagen; er ließ es an Dingen, die ihm „Spaß machten", nicht fehlen. Er legte sein Kapital in kostbaren Originalgemälden an, die im Safe einer Bank aufbewahrt wurden. Daß er in kurzen Hosen und einem gestreiften Matrosensweater herumlief, geschah nicht aus Dürftigkeit, sondern aus Bequemlichkeit. Er trat in die kommunistische Partei ein, nicht weil Gleichheit, Freiheit, Brüderlichkeit und soziale Gerechtigkeit sein Lebensziel waren, sondern weil er sich den Gesetzen des bürgerlichen Lebens wie überhaupt bindenden Verpflichtungen jeder Art widersetzte und Willkür und Terror anziehend fand.

Ob zwischenmenschliche Beziehungen, durch Rivalität gekennzeichnet, auch Freundschaft zu nennen sind, ist eine Frage der Terminologie. Vielleicht wäre es richtiger, in der Charakteristik der Persönlichkeit Picassos, der davon überzeugt war, daß er Spanien im Exil repräsentiere, nicht von Freunden, sondern von seinen Favoriten und von Partnern im Zweikampf zu sprechen.

Das einzige auf der Welt, das wirklich für ihn zählte, war sein Werk. Zu Françoise sagte er einmal nicht ohne Grund: „Alle Menschen haben das gleiche Potential an Energie. Der Durchschnittsmensch verwendet die seine in einem Dutzend Kleinigkeiten. Ich verschwende die meine auf eine einzige Sache: meine Malerei. Alles andere wird ihr geopfert — Du und jeder andere — einschließlich meiner selbst."

Als man ihn einmal fragte, warum er so nett zu Leuten sei, die ihn eigentlich nichts angingen, und so hart zu seinen Freunden, erwiderte er: „Weil ich mir sehr viel aus meinen Freunden mache, halte ich es für nötig, die Freundschaft ab und zu auf die Probe zu stellen, nur um zu prüfen, ob sie so stark ist, wie sie sein muß."

Er konnte nur mit Menschen verkehren, deren Kraft, Macht und Überlegenheit ihn zum Zweikampf reizte. Jedes Versagen seiner Partner machte er triumphierend im Kreise der Bekannten lächerlich. Die Beziehungen zu seinen für ihn in Betracht kommenden Mitmenschen bestanden aus willkürlichen Prüfungen, vor groben Späßen schreckte er nicht zurück.

Er bewunderte die Bilder des gleichaltrigen Georges Braque, die katzenhafte Eleganz der Linie, das Spielerische der Komposition, den steilen Willen, der sich von Nonchalance nicht unterscheiden läßt. Braque war eine einsiedlerische, meditative, also Pablo Picasso entgegengesetzte Natur. Er mochte Pablo sehr und wünschte, daß der spanische Maler zumindest gut von ihm denke, und gerade deshalb fühlte Picasso sich genötigt, nicht lind, sondern hart zu ihm zu sein. Ihre gegenseitigen Beziehungen bestanden aus einem ununterbrochenen Wettrennen. Sie hatten einander nötig, um in steter künstlerischer Rivalität ihre Kräfte bis aufs äußerste anzuspannen.

Wie Picasso, so verkehrte auch Braque gern mit Dichtern und ergötzte sich am Jonglieren von riskanten Aussprüchen. Als sich Georges Braque beim Besuch von Pablo einmal sehr schweigsam verhalten hatte, sagte der spanische Maler zu seiner Geliebten: „Er hat wahrscheinlich Angst, ich eigne mir seine Aussprüche an. Dabei ist es in Wirklichkeit umgekehrt. Er liest meine Perlen auf und preist sie als seine eigenen an." Braque und Picasso besaßen viele gemeinsame Freunde. Beide waren zum Beispiel dem Dichter Pierre Reverdy zugetan. Doch wenn der Dichter je zu Pablo gesagt hätte, er müsse jetzt gehen, denn er habe eine Verabredung mit Braque, hätten diese Worte den spanischen Maler wie vergiftete Pfeile getroffen und ihn zum Toben gebracht; er wäre fähig gewesen, zu sagen: Reverdy ist Braques bester Freund, also kann er mein Freund nicht mehr sein.

Ob Braque wirklich sein Freund sei, überprüfte Picasso einmal auf folgende Weise: Er besuchte ihn kurz vor Mittag und sagte zu Françoise, die ihn begleitete: „Wenn er uns diesmal nicht zum Essen einlädt, weiß ich, daß er mich nicht mehr mag und ich will nichts mehr mit ihm zu tun haben." Kaum hatte er das Haus des französischen Malers um die Mittagszeit betreten, schnüffelte er sehr auffällig und sagte: „Oh, riecht das gut, das Lamm." Braque reagierte nicht und zeigte seine Bilder und Skulpturen. Nach einer Weile bemerkte Picasso: „Das Lamm riecht, als ob es gar wäre, eigentlich schon mehr als gar." Darauf reagierte Braque, indem er den Gästen seine Lithographien vorzeigte. Nach einer Weile brach es aus Pablo hervor: „Das Lamm riecht jetzt angebrannt. Es ist eine Schande." Braque antwortete nicht und fuhr fort, die Erzeugnisse seiner Kunst vor den Gästen auszubreiten.

Picasso mußte das Haus des französischen Malers um halb fünf verlassen, ohne daß er den Lammbraten auch nur zu Gesicht bekommen hatte. Dieser Vorfall steigerte seinen Respekt vor Braque. Wäre Braque höflich gewesen und hätte seine unerwarteten Gäste zum Essen eingeladen, dann hätte Pablo sich darüber amüsiert und jedem erzählt: „Stell dir vor, Braque hat keinen eigenen Willen. Ich komme mittags dort an, er weiß, daß ich essen möchte und er setzt mich hin und bedient mich. Ich stoße ihn herum, er lächelt nur."

Daß Georges Braque dem robusten Willen Picassos sich widersetzte, steigerte die Hochachtung des Spaniers vor seinem Kollegen, der es wußte, daß das Leben für Pablo ein Zweikampf war, ein Spiel ohne allgemeingültige Regel. Der Spanier war zu List und Tücke fähig, um aus jeder Situation als Sieger hervorzugehen. Seine infamsten Streiche waren für jene reserviert, die er am meisten „liebte".

Er brauchte Männer gleichermaßen wie Frauen zur Anregung seiner schöpferischen Impulse und war überzeugt, daß er sich jedem Menschen gegenüber alles erlauben könne. Briefe beantwortete er nie. Der Dichter und Romancier Louis Aragon, der als eine Art intellektuelles Aushängeschild für die kommunistische Partei Frankreichs diente, war ein häufiger Gast in Picassos Atelier. Ihre „Freundschaft" war eine bissig aggressive, in der Gewitter, Perioden des Schmollens und der Versöhnung einander ablösten. Françoise behauptet, es gab keine Möglichkeit, Picasso jemals für längere Zeit wirklich nahezukommen. „Wenn er für einen kurzen Augenblick sanft und zärtlich zu mir war, war er am nächsten Tage hart und grausam."

Ganz besonders reizten ihn Frauen, die ihm ins Gesicht lachten, wenn er den Ledergürtel abschnallte und mit

Schlägen drohte, junge Frauen, die nicht um Erbarmen flehten, wenn er sie über ein Brückengeländer schwang und zu ertränken drohte. Er krümmte sich vor Lachen beim Anblick zweier seiner Geliebten, die sich in seiner Gegenwart verprügelten.

Wehe der Frau, die sich einbildete, daß er für immer und ewig an ihr hängen werde! Einmal lag er mit seiner Geliebten Françoise am Strande. Seine längst in die Dachkammer abgeschobene Ehefrau Olga suchte die Liebenden auf und trat mit ihren hohen Absätzen auf Françoises Händen herum. Pablo sah, was sie tat, und brüllte vor Lachen. Er rührte sich auch nicht, als Françoise Olgas Fuß packte und verdrehte. Der Archetyp des Stierkämpfers verleugnete sich bei ihm niemals. Er teilte die Frauen in zwei Gruppen ein: in Göttinnen und Fußabstreifer. Françoise berichtet, immer, wenn er dachte, sie könne sich zu sehr als Göttin fühlen, tat er, was er konnte, um sie zum Fußabstreifer zu erniedrigen. Sie war eine geistig viel zu intelligente, schöpferisch begabte Frau, um, vor einem Mann kniend, ihm Schuh und Strümpfe abzuziehen. Das Stierkampfartige Picassos vermochte sie nicht von ihrer eigenen Malkunst abzubringen und ihre Freude am Erfolg ihrer Bilderausstellungen zu schmälern. Sie gehört zu den Frauen, denen eine eigene Bibliothek wertvoller ist als eine stilvoll eingerichtete Wohnung und elegante Abendtoiletten. Obwohl — oder weil — sie vierzig Jahre jünger war als er, hielt sie ihm zehn Jahre lang stand, gebar ihm zwei Kinder, vertrug sich gut mit den Kindern ihrer Vorgängerinnen, und als sie sich von ihm getrennt hatte, schilderte sie ihr Leben mit Picasso ohne jene Taktlosigkeiten, die uns zum Beispiel im Buch Alma Mahlers über ihr Zusammenleben mit Franz Werfel peinlich berühren.

Picassos innere Intensität hatte Françoise als ein einzigartiges Phänomen gefesselt. Als sie ihm als Zwanzigjährige zum erstenmal begegnete, hatte sie das Gefühl, daß diese Begegnung Licht in beider Leben bringe. Ihr war, als hätte sich gleichsam ein Fenster geöffnet, und er wünschte, daß es offenbleibe. Das wünschte auch sie, solange Licht durch dieses Fenster fiel. Als es damit vorbei war, war sie stark genug, das Fenster zu schließen und seiner in Dankbarkeit zu gedenken, weil er sie gezwungen hatte, sich „selbst zu entdecken und aus eigener Kraft weiterzuleben".

Alle Kapitel ihres Buches sind durch das Bekenntnis zusammengehalten: „Ich liebte Pablo so sehr, wie nur ein Mensch einen anderen lieben kann, doch das, was er mir später vorwarf . . . war, daß ich ihm nie vertraut habe."

Picasso mag recht gehabt haben; aber es wäre schwer für Françoise gewesen, ihm volles Vertrauen zu schenken, da sie die Bühne seines Lebens betrat mit dem unvermeidlich klaren Bild dreier anderer Schauspielerinnen vor Augen, die versucht hatten, die gleiche Rolle der Einzigen und Unersetzbaren zu spielen.

Françoise Gilot ist scharfdenkend genug, um über ihre Beziehungen zu Pablo in der Rückschau ohne Haß und Selbstbemitleidung, mit der kühlen und kühnen Offenherzigkeit der Französin zu berichten. Sie verstand bald, daß es für den spanischen Maler stets einen Sieger und einen Besiegten geben mußte. Sie war aber zu weiblich, als daß es sie befriedigt hätte, der Sieger zu sein.

„Das befriedigt niemanden, der gefühlsmäßig reif ist. Es war jedoch auch nichts gewonnen, wenn man besiegt war, denn in diesem Augenblick verlor Pablo jedes Interesse." Nach der Trennung sah sie Picasso niemals wieder. Sie schrieb ihr Buch, das sie ihm widmete. Er sorgte dafür, daß sie mit ihren Ausstellungen und Kunsthändlern Schwierigkeiten hatte. Um einer Françoise willen wagte kaum jemand, Pablo Picassos Wohlwollen zu verlieren.

120

Von den zwischenmenschlichen Beziehungen Picassos zeugen folgende Worte: „Kein Mensch bedeutet mir wirklich etwas. Für mich sind andere Menschen wie diese kleinen Staubkörner, die da im Sonnenlicht schweben. Nur ein Schlag mit dem Besen, und draußen sind sie."

Bei einem östlichen Künstler großen Stils ist eine ähnliche Lebenseinstellung undenkbar.

Es liegt etwas Symbolhaftes und für unsere Zeit Aufschlußreiches darin, daß Pablo Picasso in demselben Jahr (1881) geboren wurde, in dem Dostojewskij starb, der Mathematiker der Seele, für den auch der Verkommenste unter den Verkommenen noch ein liebebedürftiger Mensch war und den heute die russischen Sucher eines neuen Lebensstils als ihren Wegweiser anerkennen.

Im selben Jahr wie Pablo Picasso ist auch Fernand Léger geboren. Er malte Menschen wie Gegenstände, die Physiognomien seiner Figuren sind ausgelöscht, an Stelle von lebendigen Menschen — starre gefühllose Mannequins, Homunkuli. Léger ist ein Ja-Sager zur Welt der Maschinen: „Wenn die Personen, die Figuren, der menschliche Körper zum Gegenstand werden, bietet sich für den modernen Künstler eine überaus große Freiheit."

Wie der Impressionismus und Expressionismus, so hat sich auch die Ausbürgerung des Menschen aus der Kunst zu allererst in der Malerei vollzogen. Wie bei den Vertretern des Verfremdungsprinzips in der Literatur gibt es auch bei den Figuren Légers kein Außen und Innen, das Individium löst sich in der Masse auf.

DER HELLSTE STERN

Freundschaft — der hellste Stern am finsteren Himmel

Liebe ist Lebenserfüllung, wenn Freundschaft sie durchleuchtet, wenn das Gefühl der Zugehörigkeit so stark ist, daß es das Eigentliche, das Wesentliche am Menschen herausliebt, wie man aus einer spröden Schale den süßen Kern einer Nuß herausschält. Das latent Göttliche im Menschen setzt die Freundschaft in die Tat um, sie überwindet die niederziehenden Kräfte unserer Natur und gibt die grundlegenden Maßstäbe des menschlichen Zusammenlebens.

Die Liebe, sofern sie mit dem Geschlechtlichen zusammenhängt, ist biologisch begründet und notwendig zur Fortpflanzung der Spezies Mensch; sie verbindet das zweibeinige Säugetier mit aller übrigen Kreatur. Die Freundschaft, die das heftige Besitzergreifen der Leidenschaft nicht kennt, steht jenseits des Trieblebens, weder ein Naturschutzverein noch die Gesetze des Staates oder der Kirche schützen sie; sie ist der höchste Ausdruck persönlicher Freiheit und geistiger Souveränität, eine Macht, die selbst den finstersten Kerker erhellt, und den würgenden Strick unheilbarer Krankheit lockert.

Wenn der Wind der Vanitas vanitatum unser Inneres leerfegt und unsere Finger schon die Klinke der Tür Epikurs ergreifen, kann die Hand des schweigend verstehenden Freundes uns ins Leben zurückführen.

Freundschaft ist gegenseitige Wesenserkenntnis, Freude über die Einmaligkeit des Du, Geborgenheit im Du und möglich ist sie nur, wo der Mensch als Materie begonnen hat, über sich selbst nachzudenken.

Freundschaft ist eine geistig immer wieder neu zu entwerfende und neu zu erwerbende Form gegenseitiger Beziehungen, das zarteste Miteinander, die Anerkennung der Grundverschiedenheiten.

Einen Teil meiner Gedanken über den Mitsinn, der alle meine Werke, angefangen von „Mosaik des Herzens" bis zu den letzten Tagebuchbänden, verbindet, fand ich zu meiner großen Freude bei einem der hervorragenden Psychotherapeuten unserer Zeit, bei Dr. R. G. Heyer, dessen Werk ich erstmals im Sommer 1965 kennenlernte, bestätigt. In seinen Büchern, in denen man in jedem Kapitel die machtvolle, der Welt und Überwelt zugehörige Persönlichkeit des Verfassers spürt, fesselt mich vor allem der Gedanke, daß für ihn die Weltwirklichkeit nur ein Ausschnitt des gesamten Daseienden ist und er in all seinen Schriften in die numinosen Gründe des ursprünglichen Seins hineinreicht. Er hat die Seelenheilkunde aus der rationalistischen Schematik befreit und empfiehlt als eines der Heilmittel — wie es auch Dr. M. E. Bircher tut — die Darbietung großer Kunstwerke. Eine seiner unserem Zeitstrom widersprechenden Einsichten sei hier zitiert: „All unser Denken und Tun ist nur dann menschenwürdig, sinnvoll und richtig, wenn es ex deo und ad deum erfolgt, das heißt metaphysisch gegründet ist." Das Letztwirkliche lebt in allem und allen.

Aus der tiefen Menschenkenntnis seiner langjährigen Erfahrungen in der Praxis kommt R. G. Heyer zur Erkenntnis, daß, wer das Problem des Geschlechtlichen als ein abgelöstes Phänomen behandelt, bereits im Ansatz fehlgeht. „Die Reduktion des gesamten Daseins auf das Sexuelle ist ebenso verkehrt wie dessen asketische Verneinung." — „Auch ist das Zeugerische nicht von Zwecken her zu bestimmen (zum Beispiel der Fortpflanzung), noch ist die vollkommene Ehe von der Technik des Beischlafes abhängig (van de Velde) oder auch die Orgasmusfrequenz (Kinsey) bestimmbar. Nur wenn die Vereinigung der Leiber symbolische Bedeutung hat, wenn sich in ihr pars pro toto ein himmlisch irdisches Mysterium vollzieht, sie also die conjunctio oppositorum zelebriert, kann eine solche von Grund auf heile Einstellung zur Natur ein heiles Verhältnis zum Leib der Welt und zum sinnlichen Erleben ergeben – den Eros heiligen."

Daß es in der Masse der Homunkuli Persönlichkeiten wie R. G. Heyer und Leser seiner Bücher gibt, stärkt den Glauben an die geistig-seelischen Potenzen des heutigen Europäers. Im Unterschied zum Insekt hat der von seinen Urwurzeln nicht abgetrennte oder zu ihnen zurückkehrende Mensch seine Eigenwelt, und durch Freundschaft erfährt er den tieferen Sinn, die Wahrheit und die Wirklichkeit seiner Aufgaben. In der Pflanzen- und Tierwelt gilt der Typus, im menschlichen Leben das Individuum. Je höher die Stufe, die geistig-seelische Entwicklung und Verfeinerung des Menschen, je weiter sein Horizont, desto einmaliger sind seine psychischen Reaktionen und desto schwerer entdeckt er einen Freund; hat er ihn aber gefunden, beleuchtet neben der Himmelssonne eine zweite, weit strahlendere seinen Lebensweg, die den Winter in einen Frühling verwandelt.

Wie alles Menschliche, so ist auch die Freundschaft ohne Tragik undenkbar, und zwar aus zwei Gründen: Der Mensch ist dem Menschen intransparent, und in seiner Ganzheit erschauen wir den anderen – wenn überhaupt – erst nach seinem Tode. Auch ist der Mensch wie alles Irdische vergänglich. In einer Stunde, da wir den Freund am meisten brauchen, kann ihn uns der Tod – oder auch eine irdische Macht – entreißen.

Daß es unter den Menschen völlig einmalige Gewächse gibt, darin beruht ihre anziehendste Schönheit und Unersetzbarkeit. Nur zu gut verstehe ich Plinius, der sich durch die Tröstung, für den verlorenen Freund gäbe es doch einen Ersatz durch neue Freunde, gekränkt fühlte. Voraussetzung zur Freundschaft ist persönlicher Mut, politische wie auch persönliche Freiheit. Angst vor der Partei, dem Vorgesetzten, den Eltern, dem Lebenspartner, vergiftet Freundschaft schon im Keim. Der Freund wagt, anders zu sein und anders zu handeln, als die allgemeine Meinung es vorschreibt.

Vorbedingung zur Freundschaft ist Verwandtschaft des angeborenen geistigen Ranges; man muß — wenn man auch weit voneinander entfernt und einander unbekannt ist — aus dem gleichen Humus gewachsen sein, aus den gleichen Quellen den Durst gestillt haben. Freund zu sein vermag nur ein Verstehender, ein Hellsehender, nie und nimmer jemand, der auf einem Auge blind ist und somit nur sein eigenes Ich sieht.

Der zur Selbstentäußerung Unfähige kennt nicht den Sternenglanz der Freundschaft. Wo der Egozentriker in bequemer Passivität wehleidige Tränen vergißt und sich an seinen eigenen wortreichen Tiraden ergötzt, durchquert der Freund das Eismeer der Gleichgültigkeit und das schwelende Feuer der Vorurteile.

Der Mitmensch sieht das Äußere, für den Freund schwindet die Grenze zwischen Außen und Innen. Der Wille und seine Dynamik, der bei allen Leistungen so viel zu sagen hat, erreicht auf dem Gebiet der Freundschaft nichts.

Der Sinn für den Mitmenschen, das Vertrauen zu ihm, lassen sich nicht erzwingen. Wie alle letzten Dinge, so läßt sich Freundschaft begrifflich nicht erklären. Wenn die Stunde schlägt und die unserem Wesen entströmende Emanation das entsprechende Du uns zuführt, erahnen wir, ohne daß äußerlich etwas in Worten Faßbares geschieht, einen Vorgeschmack himmlischer Seligkeit.

Selbst eine Höllenwanderung kann in der Begleitung des Freundes Schönheit zeugen (Dante und Vergil).

Der schwerste Weg ist der Weg vom Ich zum Du und die Kunst des Umgangs mit dem eigenen Ich und dem Du. Gewöhnlich suchen wir im Du entweder eine Wiederholung unseres Ich oder einen Lückenbüßer und am öftesten gehen wir fehl, indem wir erwarten, das Du müsse unserem willkürlich hergestellten Idealbild entsprechen.

Man muß an den Freund im Ganzen glauben, um sich an den einzelnen, dornig-dürren Ästen nicht wundzustechen. Wir können uns allen Menschen gegenüber zu einem Wohlwollen, zur Pflichterfüllung, vielleicht auch zur Nachsicht erziehen, aber Freundschaft können wir nur zu einigen wenigen empfinden.

Je älter man wird, desto schwerer läßt sich die vor Sturm und Unwetter schützende Herberge der Freundschaft erbauen: das Fundament gemeinsamer Erlebnisse fehlt. Diese Tatsache macht das Kreuz der Entheimateten besonders schwer, denn gerade die Dauer der Beziehungen verleiht dem groben Metall des Alltags einen güldenen Glanz, in dem sich Gegenwart, Vergangenheit und Zukunft spiegeln.

Je länger eine Freundschaft währen soll, desto stärker müssen die geistig-seelischen erweckenden Kräfte beider Partner sein, gefeit gegen den hartnäckig alles zersetzenden Staub des Alltags.

Ununterbrochenes Zusammensein ist in der Freundschaft nicht notwendig, lebt man aber lange voneinander getrennt, lebt man sich — auch wenn man Briefe wechselt — auseinander.

Wenn Treue die Goldfassung des Edelsteines Freundschaft ist, so sollte man doch die schnell abbröckelnden Freundschaften, die uns mit ihrem Glanz eine Stunde oder eine Nacht erhellt haben, nicht mißmutig verwerfen.

Verdorrte Stauden, verwelkte Blumen wirft man in den Mülleimer. Die gestorbenen Freundschaften sollte man in allen Ehren begraben. Ich besitze einen großen Friedhof mit unzähligen Gräbern toter Freundschaften und hüte mich, ihn einzuebnen. An Gedenktagen der ersten, letzten und schönsten Begegnung schmücke ich die Hügel mit Kränzen unverwelkbarer Erinnerung.

Wie alles Lebendige, so ist auch die Freundschaft einem Wandel unterworfen. Entweder kommt man einander immer näher oder geht immer weiter voneinander fort.

Keines der Gefühle beruht in so großem Maße auf Gegenseitigkeit wie Vertrauen. Zum Beichtvater geht man, um seine Sünden zu bereuen und zu sühnen; zum Psychotherapeuten — um durch schonungsloses Bekenntnis von Fehltritten die kranken Seelenstellen herauszuoperieren, und man bezahlt dem Seelenheiler für seine Fähigkeit des Zuhörenkönnens. Dem Freunde vertraut man in beglückendem, intuitivem Wissen, daß er für uns das gleiche, das kostbarste Geschenk bereithält. In seinem Zu- und Hinhören liegt Heilung.

Mit dem Aufzählen der vollzogenen Guttaten beginnt das Ende der Freundschaft. Wenn der Schenkende sich durch das verabreichte Geschenk nicht beglückt fühlt, ist er nicht Freund, sondern ein schlechter Kaufmann, der anstelle des billigen Papiergeldes Gold der Dankbarkeit heischt, das nur dann echt ist, wenn es aus innerem Drang, ohne die geringste Aufforderung, geschweige denn aus Pflichtgefühl verabreicht wird.

Kameradschaft ist nützlich, Freundschaft — der unentbehrliche Luxus des Menschseins — ist eigentlich ein Paradox: Sie kostet Geld und Zeit und bereichert trotzdem.

Wer die Kerze des anderen ausbläst, um sein eigenes Licht zur Geltung zu bringen, vermag nicht Freund zu sein. Wie Taten wahrer Güte einander nicht auslöschen, sondern steigern, so ist es auch mit wahrer Freundschaft: Das Dasein des einen vertieft und ergänzt die Eigenart des anderen.

Menschen, die untereinander rivalisieren, sind nicht Freunde, sondern Ehrgeizlinge, die sich um einen Brennpunkt scharen, um ihr eigenes Ich zur Geltung zu bringen, um aus dem Dunkel der Anonymität hervorzutreten.

Shakespeare, der große Menschenkenner, behauptet allerdings in einem seiner Sonette, wer einen Freund verlieren will, schicke ihn als Anwalt zu seiner Geliebten, respektive zu seinem Geliebten. Leider hat der englische Seelenrealist in den meisten Fällen recht.

Wahrhaftigkeit ist ein starkes Band der Freundschaft, doch darf man diese nicht mit Klatsch, plumper Geschwätzigkeit, mit dem unbeherrschten Drang, alles auch zur Unzeit zu sagen, verwechseln. Taktlosigkeit ist der tödliche Stachel der Freundschaft ebenso wie die Aufstellung von Forderungen.

Bittet dich dein Freund, ihm reinen Wein einzuschenken, dann scheue dich nicht, in den dunkelsten Keller hinabzusteigen, hüte dich aber, das ganze Weinfaß über seinem Haupte auszuschütten.

Aufgabe der Freundschaft ist es, unausbleibliche Disharmonien in Harmonien aufzulösen.

Nichts ist schmerzlicher als Enttäuschung am Freunde. Man zog am frühen, trüben Morgen aus, um einen Montblanc zu besteigen, und als sich um die Mittagszeit der Nebel verzog, stand man vor einem Maulwurfshügel. Bei solchen Begängnissen ist ein peinliches Gefühl der Scham, der eigenen Unzulänglichkeit nicht zu vermeiden. Der Maulwurfshügel ist nicht schuld, daß wir ihn in unserer

Kurzsichtigkeit, in unserer Unkenntnis der geographischen Seelenkarte, in unserem Durst nach Höhenluft für einen schneegekrönten Gipfel hielten.

Wir suchen im Mitmenschen so hartnäckig die Vollkommenheit, weil wir an unserer eigenen Unvollkommenheit so schwer tragen; auch ist es leichter, dem Mitmenschen Fehler vorzuwerfen, als die eigenen einzusehen und sich von ihnen zu befreien.

Wie es im Jenseits sein wird, wissen wir nicht, aber in unserem qualbeladenen Dasein, in der Gebrechlichkeit unserer Existenz, in der Hölle, die manch einer schon hier auf Erden durchzustehen hat, gibt es in irdischen Grenzen nur eine Erlösung — die Nähe eines geliebten Menschen. Mein Freund, ein Israeli, sagte neulich zu mir: „Wenn du schön bist wie der Tag und klug wie der liebe Gott und du hast keinen Freund, dann bist du ein Wanderer durch eine Wüste ohne Oase."

Und ein anderer meiner Freunde, ein scharfer Beobachter der Weltgeschehnisse, Hugo Treo in Wien, Redakteur der Zeitschrift „Die Vereinten Nationen in Österreich", schrieb mir in einem seiner letzten Briefe: „Nichts Wertvolleres gibt es als die Verbundenheit der Wissenden, Sehenden, Liebenden. Mitunter ist man von Bangigkeit erfüllt, angesichts der ungestümen Vorstöße jener Bestien, die nicht nur die Welt mit ihrem Unflat überschwemmen, sondern aus Macht und Profitgier skrupellos jede menschliche Existenz und Beziehung bedrohen."

Nur wer den Einzelnen wahrhaft liebt, liebt die Menschheit. Freundschaft ist geistige Bereicherung, die sich vom Persönlichen ins Überpersönliche, ins Internationale ausdehnt. Die Wechselwirkung in persönlichen und internationalen Beziehungen bedeutet nicht Beherrschung des andern, nicht Konformismus, sondern gegenseitiges Geltenlassen; und gerade dieses fällt dem zivilisierten Barbar am schwersten. Wichtiger als die Eroberung des Weltenraumes scheint mir der Neuaufbau unserer Erde im Geiste wahrer Humanität.

Das Problem unserer Zeit ist nicht die Atombombe, sondern die Erweckung des Mitsinnes, die metaphysische Hinwendung zum Menschen aller Konfessionen und Rassen.

Wenn wir im anderen nur ein Werkzeug sehen, das uns in gewissen Lebenslagen nützt, und ihn nicht als ein Werkzeug eines Höheren erkennen, bahnen wir der atomaren Vernichtung den Weg.

Wer im Mitmenschen den göttlichen Ursprung erkennt, wird nie dazu fähig sein, nukleare Waffen herzustellen, er wird sich nicht dazu hergeben, den Befehl zur Abwerfung einer Atombombe zu erteilen, und niemals wird er sich bereit erklären, ein zweites Hiroshima heraufzubeschwören.

Die Freundschaft ist eine Macht, die der Vernichtungswut Einhalt gebieten wie auch den Augiasstall der Wirklichkeit vom Nachkriegsunrat reinigen kann.

Am Anfang war der Gedanke. Gedanken sind Kräfte, Auslöser von Taten. Je mehr man an das Negative denkt, um so stärker wirkt es. Die Beachtung und Darstellung des vorwiegend Negativen kann dessen Ausrottung, aber öfter dessen Anerkennung bedeuten.

In den letzten Jahrzehnten hat man so oft wiederholt, daß der Mensch böse, grausam, schlecht, ein Bündel niedrigster und kranker Triebe sei, daß man diese Aussage in der Kunst und im Leben als ein der Beweise nicht benötigendes Axiom hinnimmt. Das Studium der Kulturgeschichte, aber auch der zwischenmenschlichen Beziehungen der Gegenwart und Vergangenheit beweist, daß Freundschaft ein Urphänomen, etwas Immerdagewesenes ist. Aber man muß diesen Edelstein aus dem Mülleimer des Alltags hervorsuchen und ihn vom Feuerwerk der Sensationen zu unterscheiden lernen, damit der Mensch nicht zum Insekt degeneriere.

Durch ihre künstlerisch faszinierende, wenn auch einseitige Darstellung der Wirklichkeit, durch ihre phantastischen Neuschöpfungen ist die Kunst der Verfremdung mehr als nur Bosheit und Spielerei, auch wenn sie ein Verfallensein an das Nichts bedeutet. Von einer leergeschossenen Generation erzeugt, die sich vom Gefühl böser Verlassenheit verfolgt fühlt, ist die Verfremdung eine Zeiterscheinung und ein Zeitspiegel; unabhängig davon, ob sich jemand für oder gegen seine Epoche entscheidet, entziehen kann sich ihr niemand.

Der Bedeutung der Verfremdung bewußt, suchen wir den Weg zum Urbildlichen, zu den Urschichten der Seele, vor deren Reichweite alle Maßstäbe von Zeit und Raum versagen. Wir suchen den Weg zu den reinsten, edelsten menschlichen Beziehungen, die erst das Leben lebenswert machen.

Der hellste Stern am finsteren Himmel unseres Daseins heißt Freundschaft.

Da die zusammenraffenden, knappen Ausdrücke unserer Gegenwart eigen sind, will ich diesen Essay mit einer Formel beschließen, die all meine Werke vereinigt: 4 F = Friede, Freiheit, Freundschaft, Freude. Diese 4 F, die einander bedingen, ergänzen und vertiefen, können die Neugeburt des Seins auf einer höheren Ebene fördern.

Die gescheiterte Welt kann an der Freundschaft genesen.

LITERATURHINWEISE

Altkurdische Kampf- und Liebeslieder, gesammelt und übertragen von Hilmi Abbas, mit einer Einführung von Anton Graf Knyphausen, München 1964

BRECHT, BERTOLT, Me-ti Buch der Wendungen, Frankfurt 1963

BRECHT, BERTOLT, Schriften zum Theater 5, Frankfurt 1965

GILOT, FRANÇOISE — LAKE, CARLTON, Mein Leben mit Picasso, München 1965

HEYER, G. R., Seelenkunde im Umbruch der Zeit, Stuttgart 1964

HOFMANNSTHAL, HUGO VON — BURCKHARDT, CARL J., Briefwechsel, Frankfurt 1957

JEVTUSCHENKO, E. A., Autobiografija, London 1964

KAFKA, FRANZ, „Er" (Prosa von Franz Kafka), Frankfurt 1965

MANN, THOMAS, Briefe 1937—1947, Frankfurt 1963

MANN, THOMAS, Briefe 1948—1955, Frankfurt 1965

MEYER, AGNES E., Out of these Roots, Boston

MIHAJLOV, MIHAJLO, „Moskauer Sommer 1964", Bern, 2. Aufl. 1965

SEIDEL, INA, Frau und Wort, Stuttgart 1965

TARSIS, VALERIJ, Botschaft aus dem Irrenhaus, Frankfurt 1965

Zeitschriften, Russische, Grani 1960—1966, Frankfurt; Mosty, München 1960—1966; Nowij žurnal, New York 1955—1966

INHALT